옛글에서 다시 찾은

사람의 향기

김승룡 지음

옛글에서
다시 찾은

사람의 향기

한문학자
김승룡이 권하는
부모와 자녀가
꼭 함께 읽어야 할
우리 고전古典

나무생각

■ 머리말

내 안의 고전을 세상에 보내며

　　제가 고전을 공부한 지 스물하고도 다섯 해가 넘었습니다. 처음에는 한자 공부를 하겠다고 시작한 것이었는데, 어느새 한문으로 이루어진 책을 읽을 수 있게 되었고, 그 안에 담긴 세상까지 엿보게 되었습니다. 누군가를 이해한다는 것은 참 쉽지 않은 일입니다. 내가 알고 있는 세상과 다른 '외계外界'를 만나야 하기 때문입니다. 본래 낯선 사람과 만나는 일을 꺼려하는 성격이어서인지, 내가 모르는 세상을 접하기 위해서는 많은 용기가 필요했습니다. 일단 한자는 물론이요, 그 문자로 일상생활을 했던 사람들의 역사와 문화를 함께 알아야 했습니다. 그리고 글을 통해 옛사람을 만났습니다. 그런데 한 번 그들과 만난 뒤로, 나와 다른 세상이 있다는 사실에 흥미를 느꼈고, 글 한 편 읽고 옛사람 한 분씩 알아가면서 작디작았던 제 가슴속 희열은 더욱 풍성해졌습니다. 그리고 그 풍성해진 기쁨을 하나씩 글로 정리하다 보니 이렇게 한 권으로 엮을 정도로 모였습니다. 그것이 바로 이 책입니다.

 이 책 안에는 고려 시대부터 조선 후기까지의 옛사람의 글이 담겨 있습니다. 글마다 '마음 읽기'란 제목으로, 글을 지은 이의 마음을 짐작하려고 했습니다. 산혹 제 생각이 앞서 옛사람의 마음에 어긋나는 부분도 있고, 혹은 옛사람의 생각을 미처 읽지 못하였던 것도 있으며, 더러 옛사람의 마음을 살짝 옳게 엿본 부분도 있습니다. 모두 당대 역사를 가장 열정적으로 살았던 분들입니다. 혹시라도 그분들에 대하여 오해를 하게 된다면 모두 저의 잘못이지요.

 글을 뽑고, 글 속의 마음을 읽는 것은 오랜 공력을 지닌 이가 아니면 할 수 없는 일입니다. 어쩌면 내공이 쌓이지 않았다면 해서는 안 될 일이지요. 왜냐하면 그의 글을 통해 독자들은 그 옛사람을 알게 되는데, 소개해주는 사람이 잘못 알려준다면 이후 옳게 고치기란 아주 번거롭고 어려운 일이기 때문입니다. 한번 틀리게 외운 한자를 지금도 헷갈려하는 저 자신을 보면서 '처음'이 얼마나 중요한가를 절감하고 있습니다. 그런 점에서 저의 능력은 비록 부족하지만, 그래도 최선을 다하려고 했습니다. 어느 한 편의 글도 쉽게 써진 것은 없습니다. 이 때문에 밤을 새운 적도 있었습니다.

이 책은 옛글 속의 마음을 읽되, 우리가 배울 '미덕'을 소개하는 데에 정성을 기울였습니다. 미덕이라 하니 교훈적이고 도덕적인 취향이 풍긴다고요? 사실 짧게는 백 년, 길게는 천 년 전의 사람이 남긴 글을 읽는다고 할 때, 우리가 얻을 수 있는 것이 무엇일까요? 역사에 관한 구체적인 상像 역시 후세에 재구성되는 처지이고 보면, 저들을 우리가 있는 그대로 읽고 느꼈다고 하기에는 무리가 있겠지요. 어쩌면 저들이 남긴 글 속의 덕성을 음미하는 데에서 머무는 것이 최선이 아닐까요? 저는 그들의 덕성, 마음을 '미덕'이라고 부릅니다. 설령 지금의 잣대로 보면 부도덕하거나 속물적이거나 포악한 것도 있겠지요. 허나 그것이 '지금-여기' 우리의 인간성을 성찰할 기회를 준다면, 그는 우리에게 '좋은' 사람이요, 그의 덕성은 '아름다운' 덕성이라고 말할 수 있습니다. 조금은 억지를 부려 보았습니다만, 저는 옛사람들의 마음을 가능하면 그대로 보이고, 그 안에 담겨 있는 마음으로 우리가 놓인 '지금-여기'를 성찰하고자 했습니다. 옛사람들의 글은 '옛글'이 아니라, 진정 '지금-여기'에 살아 있습니다.

세상에 옛사람의 글을 전하는 책들은 많이 있습니다. 요즘에는 우리 고전을 쉽게 전하는 것이 일종의 트렌드가 되었지요. 저도 그 흐름을 읽고 있지만, 그에 편승하려고 이 책을 쓴 것은 아닙니다. 그렇다면 이 책의 종이가 되었을 나무들에게 미안한 일이지요. 제가 이 책을 정리하면서 눈 속에 담아두었던 이들은 사실 제 곁에 있는 두 딸이었습니다. 이 글을 시작하던 무렵 큰딸이 중학생이었는데 이미 성인이 되었고, 초등학생이던 작은딸은 고등학교를 다니며 그림 공부를 하고 있습니다. 저는 두 딸이 읽을 수 있는 책을 쓰고 싶었습니다. 고전을 공부했고 앞으로도 계속 공부할 저로서는, 제 딸들에게 해주고 싶은 말을 담은 책을 내고 싶었습니다. 누구보다 저를 믿고 의지하는 자녀들이 세상을 읽을 지혜와 사람들의 마음을 헤아려 배려하는 삶을 살 수 있다면 그보다 더 좋은 일은 없을 것이라고 생각했지요. 이제 그 아이들에게 주었던 마음을, 이 책을 읽게 될 다른 이들에게도 주려고 합니다. 나와 다른 사람이 함께 어울려 사는 세상을 꿈꾸면서 몸과 마음이 건강하게 자라기를, 그래서 인생이 풍요롭고 행복하기를 기원하는 아버지의 마음을 이 책에 실어봅니다.

　이 책이 세상의 빛을 보기까지 두 분의 은혜가 아주 컸습니다. 바로 박제화된 옛글을 살아 있는 고전으로 만들어주신 나무생각의 한순 님과 배수원 님입니다. 나무생각은 그 이름

만큼이나 아낌없이 나누어 주는 미덕을 갖고 있었습니다. 그 이름을 빌려 책이 나오게 된 것을 참으로 기쁘게 생각합니다. 배수원 님은 오래된 약속을 잊지 않고 예쁘게 편집해준 분입니다. 이 책이 책답게 모습을 갖춘 것은 팔 할이 이분들의 몫이고, 저는 살짝 얹혀가는 셈입니다. 부디 그분들의 노고가 헛되지 않도록 많은 분들이 이 책을 읽었으면 하는 기대를 가져봅니다. 또한 이 책 속의 토막글들이 지어질 적마다 함께 공감하고 격려해주었던 아내에게 고맙다는 말을 전합니다. 아내의 격려가 아니었다면 이 책은 끝까지 쓰여지지 못했을 겁니다. 고마워요!

끝으로 이 책에 인용된 글들은 더러 제가 직접 우리말로 옮기거나 혹은 이미 번역된 글들을 다듬어 내놓았으며, 제목도 알기 쉽게 새로 붙여보았습니다. 이 자리를 빌려 그분들에게도 고마운 마음을 올립니다. 이제 눈 밝고 마음 따스한 독자들에게 제 마음에 담아두었던 고전을 내보냅니다.

2012년 10월
미리내가 내다뵈는 창가에서
김승룡 드림

차례

머리말 | 내 안의 고전을 세상에 보내며 • 005

1

삶은 단순하고
명쾌하다

- **용서와 질투** 이익 《성호사설》 • 019
  마음 읽기 _ 삶을 넉넉하게 만드는 방법, 용서와 인정

- **금남에 사는 시골 사람** 정도전 《삼봉집》 • 024
  마음 읽기 _ 삶은 단순하고 명쾌하다, 말을 앞세우지 마라

- **헛된 소문** 이광정 《망양록》 • 033
  마음 읽기 _ 고요한 마음으로 응시하면 진실이 보인다

- **선비는 욕심을 적게 가져야 외** 이수광 《지봉유설》 • 039
  마음 읽기 _ 조급한 욕망은 허망할 뿐이라

- **다섯 가지 사람됨** 장유 《계곡만필》 • 046
  마음 읽기 _ 의리와 이욕, 상대에 대한 존중에 달려 있다

- **양촌기** 이색 《목은집》 • 051
  마음 읽기 _ 안으로는 참되고 밖으로는 따뜻하게

- **만랑수** 성현 《부휴자담론》 • 059
  마음 읽기 _ 받아들이고 인정하는 순간 '숲'이 된다

2

끊임없는 수양으로
가난한 마음을 지켜라

- **책 속에서 찾는 길** 홍길주 《수여방필》 외 · 067
  마음 읽기 _ 글자 너머 일상이 모두 책이다

- **시골에서 살며 나를 경계하는 글** 이승휴 《동안거사집》 · 072
  마음 읽기 _ 끊임없는 수양으로 가난한 마음을 지켜라

- **눈 뜨고 볼 수 없는 식탐자** 유몽인 《어우야담》 · 078
  마음 읽기 _ 우리 안의 욕망을 직시하라, 불편한 진실을

- **세상을 보는 또 다른 대롱** 조희룡 《우봉척독》 · 083
  마음 읽기 _ 자신의 눈과 마음으로 책을 읽고 세상을 바라보라

- **요사스러운 말** 이종휘 《수산집》 · 091
  마음 읽기 _ 망언을 일삼는 하등인을 벗어나고파

3

남을 이해하는 일은
또 하나의 세상을 품에 안는 일이다

- **찾아줌에 감사하며** 임춘 《서하집》 • 099
  마음 읽기 _ 사람을 반기는 사람 냄새 나는 겸손에 대하여

- **강이원에게 주는 편지** 정약용 《여유당전서》 • 106
  마음 읽기 _ 남을 이해하는 일은 또 하나의 세상을 품에 안는 일이다

- **벗에 대한 성찰** 이덕무 《청장관전서》 • 113
  마음 읽기 _ 벗이 있어 행복한 삶, 그 벗을 위한 살뜰한 마음

- **북경으로 떠나는 이성징을 전송하면서** 유몽인 《어우집》 • 119
  마음 읽기 _ 어느 한 편을 버리면 모두가 벗이 되는 법

- **대인 외** 이지함 《토정유고》 • 126
  마음 읽기 _ 진정한 벗으로 서는 길, 상처 주지 않고 온전하게 살려주기

- **호귀복과 이창매** 김택영 《숭양기구전》 • 133
  마음 읽기 _ 지극한 정성, '기적'이라는 황홀한 이름을 얻다

- **사랑과 미움에 대한 잠언** 이달충 《제정집》 • 140
  마음 읽기 _ 남의 말을 듣기에 앞서 나를 바르게 가다듬다

- **종정도 놀이** 권필 《석주집》 • 147
  마음 읽기 _ 사람과 벼슬 사이에 공백 없어야

4

사람은
역사의 색인이다

- **영남의 괴로움** 충지 《원감국사가송》 · 155
  마음 읽기 _ 생명을 살리는 소중한 비처럼 따스한 마음으로

- **동래 할미** 허목 《기언》 · 162
  마음 읽기 _ 역사도 갈라놓지 못한 두 모녀, 생명의 힘

- **몽둥이에 새긴 글 외** 박종채 《과정록》 · 169
  마음 읽기 _ 기록은 역사가 주는 선물이다

- **이완용과 콜브란** 황현 《매천야록》 · 175
  마음 읽기 _ 매국와 애국의 차이

- **기홍수와 차약송 외** 이제현 《역옹패설》 · 180
  마음 읽기 _ 공공의 윤리 회복은 민심을 얻는 길이다

- **의병을 일으키라!** 최익현 《면암집》 · 188
  마음 읽기 _ 나라를 팔아먹고 신의를 버린 자, 매우 쳐라!

- **역사의 파괴 외** 신채호 《조선상고사》 / 최익한 〈동아일보〉 수록 · 196
  마음 읽기 _ 현재의 이익을 위해 과거를 왜곡하지 마라

5

사랑하는 이를 위해
크게 울어주리다

● **옷을 전당잡히고서**　이규보 《동국이상국집》・205
　　마음 읽기 _ 살림을 모르는 남편, 아내에게 감사할지어다

● **당신을 떠나보내며**　김종직 《점필재집》・213
　　마음 읽기 _ 사랑하는 이를 위해 크게 울어주리다

● **호녀와 김현 외**　일연 《삼국유사》・220
　　마음 읽기 _ 가족에 가려진 여성들, 허물어진 사랑의 몸짓

● **아버지의 가르침**　기대승 《고봉집》・234
　　마음 읽기 _ 소박한 잔소리에서 부모님의 삶의 지혜를 본다

● **궁핍한 죽음을 슬퍼하며**　유희진 《초산잡저》・241
　　마음 읽기 _ 살고 싶다는 목소리에 귀 기울이지 못했던 미안한 마음

6

더디 가더라도
옳게 가면 늦지 않다

- 밤나무 집 이야기 백문보《담암일집》· 249
  마음 읽기_ 더디 가더라도 옳게 가면 늦지 않다

- 합덕피의 물을 보고 이옥《문무자집》· 255
  마음 읽기_ 경이로운 여정을 떠난 물, 고였다 흐르며 이로워라

- 바람이 사는 집 김매순《대산집》· 262
  마음 읽기_ 바람은 언제나 나와 함께 있었고, 있으며, 있으리라

- 나의 선생 매화 외 조희룡《한와헌제화잡존》· 270
  마음 읽기_ 봄내는 흐르고 매화가 피었네

- 솔화분을 파는 사람 조수삼《추재집》· 277
  마음 읽기_ 화분에 담긴 나무에서 꿈틀대는 생명력을 보다

- 머리가 새인 사람 최자《보한집》· 282
  마음 읽기_ 슬퍼서 하얗게 된 엄마 까치, 사람인가 짐승인가?

- 최해의 오만 서거정《동인시화》· 287
  마음 읽기_ 오만한 치기 속에 감추어진 소나무에 대한 사랑

이 책을 쓰는 데 도움받은 책들 · 293

옛글에서 다시 찾은
사람의 향기

1

삶은 단순하고
명쾌하다

용서와 질투

이익, 《성호사설》

군자가 죽을 때까지 실천할 수 있는 말 한마디를 들라 하면, '용서'라고 말하겠다. 용서는 질투의 반대로, 질투를 멎게 하는 데에도 이만한 것은 없다. 일을 하다가 자신을 살펴 질투가 있으면 곧장 고쳐야 한다.

용서는 남이 착한 것을 보면 반드시 믿고, 악한 모습을 보면 "저것은 외모만 그럴 뿐이다" 하고, 악한 조짐이 보이면 "반드시 본의는 아니다" 하며, 악의가 있다 해도 "우연히 그럴 뿐이다" 하고, 어떻게 할 수 없는 것을 보면 "부득이한 때문이다. 나 역시 저런 상황이면 그렇게 할 것이다" 한다. 이것은 악함을 보고 나의 어짊을 늘리는 일이니 흡사 벌이 아무리 꽃이 쓰고 맵더라도 따다가 꿀을 만드는 것과 같다.

질투는 그렇지 않다. 남이 착한 것을 보면 기필코 의심하여 "겉모습만 저럴 뿐이다. 우연히 그런 것이며, 일의 형세가 그럴 뿐 일상적인 것은 아니다"라고 하여 구석진 곳을 찾아서 더럽힌다. 이는 착함을 보고 나의 악함을 늘리는 일이니 정녕 꽃이 달고 향기롭더라도 뱀이 먹고 독을 만드는 것과 같다.

그래서 겸손함을 천박하다, 인내를 겁먹었다, 수행을 겉치레다, 청렴결백을 명예를 구한다, 과묵함을 어리석고 못났다, 밝게 분변分辨[1]하는 것을 부박하고 황망하다, 정직함을 교만하고 자존심이 많다, 인자함을 유약하고 아첨한다, 엄숙함을 굳세고 사납다, 베풂을 낭비가 심하다, 절약함을 인색하다고 말한다. 이것은 모두 착한 것을 악한 것으로 뒤집어놓은 것들이다. 그러나 우리가 항상 저와 마찬가지 방법으로 악한 것을 뒤집어 착한 것으로 만들려 하고, 어쩔 수 없는 데에 이른 뒤에야 용서해주며, 경미한 것은 들먹이지도 않고, 무거운 것을 가볍게 하는 등 여기에 마음을 두고 오래도록 익힌다면 아마도 어진 덕仁을 구할 수 있지 않겠는가? 공자의 제자였던 안연[2]은 다음과 같이 말했다.

"공자는 착한 것 한 가지를 보고, 그의 악한 것 백 가지를 잊는다."

바로 용서의 마음을 말한 것이리라.

1_ 분변(分辨): 사물의 차이를 분별함.
2_ 안연(顏淵): 안회(顏回)의 성(姓)과 자(字)를 함께 이르는 말.

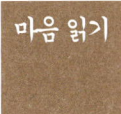 ## 삶을 넉넉하게 만드는 방법, 용서와 인정

사람이란 존재는 우리가 살아가는 목적이 될 수도 있고, 살아가는 데 장애가 되기도 한다. 사람이라는 화두는 평생 놓을 수 없는 끈이다.

우리는 사람 때문에 쉽게 마음 아파하고 기뻐하며 노여워한다. 누군가를 좋아하고 싫어하는 감정이야 인지상정이기에 뭐라 탓할 수 없지만, 좋아하고 싫어하는 감정을 넘어서 사람을 있는 그대로 이해하고 받아들이기란 참으로 쉽지 않다. 이미 선입견이 자리 잡고 있어서 상대를 있는 그대로 볼 수 없기 때문이기도 하다.

사람 그 자체를 볼 수 있는 눈을 지닌다면 삶이 한결 넉넉해지지 않을까? 그래서인지 군자가 살아 있는 동안 실천할 덕목으로 용서를 꼽았던 성호 이익의 마음이 궁금해진다.

용서는 나와 남의 마음을 같은 높이로 바라보는 태도이다. 나의 덕을 세상에 전하여 살 만한 세상으로 만드는 인(仁)의 마음과 같다. 인이 자연스러운 덕이라면 용서는 인위적인 노력을 기울이는 마음이다. 궁극적으로 어짊을 얻기 위한 보통 사람의 노력인 셈이다. 성호가 굳이 실천을 권했던 것도 인을 구하기 위한 방편이었던 것이리라.

혈기와 마음을 지닌 생명이라면 욕심이 없을 수 없고, 제 몸을 위하게 마련이다. 그 탓에 자신과 함께 있는 사람이 얼마나 소중한지 깨닫지 못하고 지나치는 경우가 허다하다. 어쩌면 성호는 두 눈을 가지고서도 세상을 올곧게 보지 못하는 '눈뜬 소경'을 꾸짖으려 한 것은 아니었을까.

끝으로 질투에 대하여 한마디 보탠다. 질투는 경쟁심에서 비롯한다. 본래 경쟁은 더 좋은 모습을 보이기 위해 노력하는 좋은 태도이다. 경쟁에서 이기면 이긴 대로, 지면 진 대로 저마다 겸손한 자세로 축하하며 자신을 다독이고 격려하는 것이 마땅하다. 그러나 그 사이에 사욕이 개입하는 순간, 경쟁은 질투라는 지옥으로 떨어진다. 더러 상대의 목숨을 빼앗기까지 한다. 질투는 나의 졸렬함과 열등함을 스스로 확인하는 일일 뿐이다. 부디 살피고 살펴, 자신과 남을 모두 못난 처지에 빠뜨리지 않아야 하리라. 내가 상대를 질투한들 상대가 아파하지 않는다. 나만 아플 뿐이다.

■ ■ 이익 李瀷(1681~1763)

조선 후기 숙종, 영조 때 살았던 학자. 본관은 여주, 자는 자신 自新, 호는 성호 星湖. 천문, 지리, 수학, 의학에 이르기까지 학문의 세계가 넓었으며 서학에도 관심을 가졌다. 성리학을 공부했으나, 나중에는 사회제도를 실증적으로 분석하고 비판하면서 현실에 맞는 정책을 내고자 했던 실학자였다. 농업이 부의 원천이라는 중농주의 경제사상을 가지고 있었으며 노비를 점차 해방시킬 것을 주장하기도 했다.

■ ■ 《성호사설 星湖僿說》

성호는 이익의 호이며, 사설은 '세쇄 細瑣(시시하고 자잘함)한 논설'이라는 뜻으로 이는 글쓴이가 따로 붙인 서명이다. 이익이 평소에 쓴 글과 제자들에게 답한 것 등을 조카들이 정리했다. 《성호사설》 안에 〈천지문〉은 천문, 자연과학, 자연지리 등을 담고 있고 〈만물문〉은 의식주 등 생활 문제와 화폐, 도량형 기구 등을 수록했다. 〈인사문〉은 인간의 사회생활과 학문, 〈경사문〉에는 유교와 역사, 〈시문문〉에는 중국과 조선의 시와 문장에 대한 비평이 실려 있다. 〈용서와 질투 恕妬〉는 〈인사문〉에 실려 있다.

금남에 사는 시골 사람

정도전, 《삼봉집》

금남[1]에 유학을 공부하는 담은[2] 선생이 살고 있었다. 하루는 그곳에 사는 촌사람이 선생을 보러 와서 하인에게 물었다. 그 촌사람은 선비의 '선' 자도 들어본 적이 없는 인물이었다.

"나는 보잘것없는 촌사람이라 원대한 식견도 없소. 듣자 하니 윗자리에서 나랏일을 다스리는 사람을 '경대부'라 하고, 아랫자리에서 농사짓는 사람을 '농민'이라 하며, 기계 만드는 사람을 '공인'이라 하고, 물건을 사고파는 사람을 '상인'이라 한다고 합디다. 그래서 '선비'가 있다는 건 몰랐소. 어느 날 우리 고을 사람들이 선비가 왔다며 떠들썩하게 말들을 하던데, 그분이 바로 이 집 선생이었소. 선생께서는 무슨 일을 하시기에 사람들이 선비라고 부르는지요?"

하인이 대답했다.

1_금남(錦南): 전라도 나주의 옛 이름.
2_담은(淡隱): 세상을 피해 은거한 맑은 심성의 소유자라는 뜻의 호.

"선비가 하는 일은 아주 넓지요. 그 학문을 보면 천지를 포괄하는바, 음양의 변화, 오행의 분포, 해, 달, 별의 밝음을 살펴보고 산의 솟음, 강과 바다의 흐름, 초목의 자람과 시듦은 물론 귀신의 마음과 저승, 이승의 일까지 살펴본다오. 또한 사람 사이의 윤리에 밝아서 임금과 신하의 의리, 부모와 자식의 은혜, 남편과 아내의 분별, 어른과 아이의 차례, 벗의 믿음 등을 알아 공경하고 친애하고 분별하며 차례를 지키고 미덥게 하지요.

게다가 고금古今의 일에 능통하여 문자가 처음 생겼을 때부터 지금에 이르기까지 세도世道³의 오르내림, 풍속의 좋고 나쁨, 어진 임금과 우둔한 임금, 간신과 충신의 말과 행위의 잘잘못, 예악형정禮樂刑政⁴의 발자취와 득실, 어진 군자가 어떻게 세상에 나오고 은거하는지 등에 능하지 않은 것이 없어요. 또 뜻을 바르게 두고 계신 것을 보면 본성이 천명天命에 기초하여, 사단四端⁵과 오전五典⁶ 및 모든 일과 모든 이치가 그 본성 가운데 통합되어 있음을 알고 있지요. 이것은 불가(불교)에서 말하는 '공空'이 아니에요. 도가 보통의 사람살이에 갖추어져 있고, 천지의 모든 형체를 포괄하고 있는 것을 알고 있기에 도가(도교)의 '무無'도 아니지요. 그래서 불가와 도가의

3_세도(世道): 세상을 다스리는 도리 또는 방도.
4_예악형정(禮樂刑政): 예의, 음악, 형벌, 정치.
5_사단(四端): 사람의 본성에서 우러나오는 네 가지 마음씨. 불쌍하게 여기는 측은지심, 부끄러워하는 수오지심, 양보하는 사양지심, 옳고 그름을 따지는 시비지심을 이른다.
6_오전(五典): 오륜(五倫). 유학에서 말하는 사람이 지켜야 할 다섯 가지 도리. 부자유친, 군신유의, 부부유별, 장유유서, 붕우유신을 이른다.

해로운 점을 밝히고, 오랫동안의 의혹을 풀어주었으며, 세상의 공리설을 꺾어 올바른 의미로 돌아가도록 했지요. 임금이 선비를 쓰면 위로 편안하고 아래로 안정될 것이요, 젊은이들이 그에게 배우면 덕이 높아지고 학업에 성취가 있을 것이요, 혹여 그가 때를 만나지 못해도 글로 써서 후세에 전해질 것이에요. 또한 독실하게 지조를 지키고 있기 때문에 세상에서 비난을 당하더라도 성인의 가르침을 저버리지 않고, 굶주려 죽을지언정 불의를 저지르는 부끄러운 일은 하지 않아요. 이것이 선비의 모습이지요. 바로 선생께서 하고자 하는 바예요."

그러자 촌사람은 이렇게 말했다.

"어허, 참 말이 화려하군요. 너무 과장한 것 아닌가요? 우리 동네 어른에게 들으니, 실상은 없으면서 이름만 있다면 귀신도 미워하고, 비록 실상이 있더라도 스스로 밖으로 드러내는 것은 사람들이 성낸다고 했소. 그래서 자신이 어질다고 자처하면서 남을 대하면 오히려 인정해주지 않고, 자신이 슬기롭다 자처하면서 남을 대하면 오히려 도와주지 않는다고 했지요. 그래서 지식인이란 이런 일들을 삼간다고 합디다. 그런데 선생을 모시는 그대의 말이 이럴 정도이니, 그 선생의 사람됨을 알 만하오. 이는 귀신이 미워하지 않는다 해도 분명

사람들의 노여움을 살 것이오. 어허, 선생은 위험하오. 나는 그 화가 미칠까 두려워 보고 싶지 않군요."

그러고는 훌쩍 떠나버렸다.

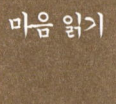 ## 삶은 단순하고 명쾌하다, 말을 앞세우지 마라

앞의 글은 조선 초기의 문인 정도전이 쓴 《삼봉집》 중 〈금남에 사는 시골 사람錦南野人〉이라는 제목으로 전해지는 이야기이다.

  시골 사람 하나가 자기 마을에 선비가 왔다는 소문을 듣고 그 집을 찾아간다. 그는 세상에는 경대부, 농민, 공인, 상인 등 오직 네 부류의 사람만 있다고 믿고 있었다. 그러니 '벼슬 안 한 선비'란 들도 보도 못했던 것이다. 그는 그 선비의 집으로 가서 하인에게 선비가 무엇을 하는 사람인지 물었다. 그러나 잘난 척하면서 설명하는 하인의 말을 들은 시골 사람은 뒤도 안 돌아보고 자리를 떠버렸다. 하인의 설명이 너무 화려하다고 생각했기 때문이다. 그가 보기에 선비란 실상은 없이 말만 번지르르하니 분명 귀신의 미움을 사거나, 그렇지 않더라도 사람들의 미움을 받을 게 뻔해 보였다.

  선비와 가까이하면 분명 해로우리라! 하인조차 이렇게 청산유수인데 정작 본인이야 보나 마나였던 것이다. 작은 모래 한 알만 보더라도 저 광활한 우주가 어떻게 구성되었는가를 알고, 물 한 방울 맛보는 것만으로도 바다가 짠지 그렇지 않은지 알 수 있지 않은가? 사실 한자로 '선비 유儒' 자는 본래 '어릿광대'라는 뜻이다. 선비가 하는 말들은 실속 없이 꾸며대는 광대의 말과 다름없었던 것이다. 시골 사람이 그 의미를 알고 있었는지는 모르지만, 그는 세상이 그렇게 화려한 말로 이루어진 것이 아니라 몸으로 실천해야만 알 수 있다는 것을 깨친 사람이었기에, 그 말이 허망하다고 느낀 것이다.

앞의 글에서 언급된 선비가 하는 일은 예나 지금이나 지식인들의 공통된 특징이다. 이들은 세상의 온갖 일에 참견하고 개입하려고 한다. 하늘에서 땅속까지, 사람에서 미물까지, 눈에 보이는 것에서 보이지 않는 것까지 말하지 않는 것이 없다. 물론 세상을 변화시키고 움직이려는 그들의 이상을 탓할 이유는 없다. 하지만 문제는 현실 속에서 실천할 수 있는가에 있다. 시골 사람이 마주한 선비는 자신의 말조차 실현할 조건을 갖추지 못한 사람이었던 것이다.

시골 사람은 투박하지만 분명했다. 또한 무엇이 참이고 거짓인지도 알고 있었다.

언젠가 유배 온 정도전에게 한 농부가 다가가 무슨 죄를 지었느냐고 물었다. 정도전은 도를 실현하려다 이 꼴이 되었다고 했다. 그러자 농부는 대뜸 "자네는 능력도 없고 때도 모르는 사람이다. 목숨을 건진 것만으로도 하늘에 감사하라"며 자신을 어지럽히지 말고 빨리 떠나라고 꾸짖었다. 자신은 먹고사는 일로도 바쁘다면서 말이다.

삶은 단순하고 명쾌하다. 이것을 번잡하게 만드는 것은 인간의 사리사욕일 뿐이다.

■ ■ 정도전鄭道傳(1342~1398)

고려 말엽의 정치가로서 본관은 봉화, 자는 종지宗之, 호는 삼봉三峰이다. 그가 태어났을 무렵의 고려는 이미 회생불능의 상태였기 때문에 새로운 왕조의 창건은 당연한 수순이었다. 정도전은 이성계(후에 태조)와 함께 조선을 개국하는 데 핵심적인 역할을 했다. 어릴 때부터 명석함으로 주목을 받았던 그는 유교 경전과 성리학에 능통했으며, 불같은 성격과 자신의 뜻을 굽히지 않는 강인함을 가진 유학자였다. 조선 초기, 정도전은 혼란한 정국을 안정시키고 제도를 정비하는 데 탁월한 감각과 정치력을 발휘했다. 백성들의 안정을 근본으로 하여 왕이 모든 권력을 행사하지 않고 재상을 중심으로 국가의 각 조직이 역할을 나누어 수행하는 정치제도를 추구했다. 그러다 보니 왕이 되어 모든 권한을 강화하려던 이성계의 다섯째 아들 이방원(후에 태종)과는 대립할 수밖에 없었다. 결국 정도전은 이방원에 의해 죽임을 당하고 조선 시대 내내 부정적인 인물로 역사 속에 매장된 비극적 인물이기도 하다.

■ ■ 《삼봉집三峰集》

정도전이 생전에 지었던 시문을 엮어 증손자인 정문형이 간행했다가, 정조 시대 다시 규장각에서 편찬된 책이다. 그가 지은 다양한 시문은 중국에서도 널리 칭송되었고 이색, 정몽주, 권근 같은 당대의 대문장가로부터 칭송받았다. 이들 시문은 대부분 조선 왕조 개국 이전의 불운했던 시절에 쓰인 것으로 호방하면서도 날카로운 사회의식이 돋보인다. 조선 건국의 핵심 역할을 했던 정치가이자 사상가였던 만큼 조선의 건국이념과 한국학 연구에도 귀중한 자료이다.

헛된 소문

이광정, 《망양록》

불꽃이 일어나면 연기도 따라 높이 올라간다. 불꽃은 이미 꺼져버렸지만 연기는 더욱 높고 멀리 올라간다. 헛된 이름이 세상에 불타듯 요란스러운 것은 그만한 까닭이 있는 법이다.

어떤 사람이 이렇게 말했다.

"서울에 모양이 뱀과 같은 이상한 벌레가 태어났어! 그 소문이 동네를 벗어나자 벌레에 발이 달렸고, 도성을 나가자마자 발의 수가 늘어났지 뭐야. 도성 근처를 벗어나자 날개가 돋아나더니, 백 리를 지나자 바람과 구름을 일으키고, 천 리를 넘어서자 우레를 쳤고, 수천 리를 가자 천지간에 다시 없을 신기한 동물이 되고 말았어!"

그러자 다른 사람이 말했다.

"서해에 뱁새와 비슷한 이상한 새가 태어났어! 그 새에 대한 소문을 한 번 전하자 참새가 되었고, 두 번 전하자 새매가 되었으며, 세 번 전하자 꿩이 되었고, 백 번째 되자 큰 기러기가 되었으며, 천 사람에게 전해지자 붕새[1]가 되었고, 천만 사람에 이르러 끝내 신비한 새로 변해버렸다고! 뱀이 신기한 동물이 되고 뱁새가 신비한 새가 되는 것이 이렇게 쉬운 줄 몰랐어."

그런데 지금 사람들은 신기한 동물과 신비한 새를 믿고 그것을 구하면서 저 못난 뱀과 뱁세를 빗어나지 못하니, 이것은 사람들이 그 소문을 너무 믿어서 그런 것은 아닌가?

---

[1]_붕새: 《장자》〈소요유(逍遙遊)〉에 나오는 상상 속의 새로, 북쪽 바다에 사는 상상의 물고기 '곤'이 변해서 된 새이다. 곤은 크기가 몇 천 리나 된다고 하는데, 붕새 또한 등의 길이가 몇 천 리나 되는지 알 수 없을 정도로 크다고 한다.

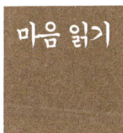 ## 고요한 마음으로 응시하면
진실이 보인다

요즘 인터넷 뉴스에 올라온 댓글을 보면 사람들이 기사에서 정보를 얻고 이해하는 수준을 넘어서, 행간에 실린 속뜻을 읽으려 애쓴 나머지 오히려 사실 이상의 곡해를 하는 경우가 많다. 사실을 있는 대로 말해주어도 진실이 아니라고 우기면서 사실을 밝히라고 아우성친다. 이럴 때면 흡사 '불꽃'이 아닌 '연기'만을 쫓는 사람들 같다.

이 글은 18세기 안동에 살았던 눌옹 이광정의 우화집 《망양록》에 실린 것이다. 그때도 지금처럼 연기를 쫓는 사람들이 있었나 보다.

불은 뜨겁지만 연기는 전혀 뜨겁지 않다. 여기서 우리는 하나의 결론을 낼 수 있다. 바로 '불은 실체이고 연기는 불의 그림자이기 때문에 불은 뜨겁고 연기는 뜨겁지 않다'라고. 불이 실상이면 연기는 허상이다.

어떤 사람은 "아니 땐 굴뚝에 연기 날까?"라며 불꽃(실상)의 존재를 확신하지만, 막상 실상이 없는 것을 알게 되면 내심 당황한다. 하지만 이렇게 연기만을 쫓는 사람에게는 불꽃이 있고 없고가 전혀 문제되지 않는다. 그들은 하늘 높이 떠오르는 연기를 따라 눈길을 부지런히 옮길 뿐, 실상은 전혀 중요치 않은 것이다.

이 모습을 보고 이광정은 뱀이 신기한 동물이 되고 뱁새가 신비한 새가 되는 과정으로 빗대었다. 갑자기 성물聖物이 된 뱁새와 뱀을 나무랄 이유는 어디에도 없다. 뱁새와 뱀의 잘못이 아니기 때문이다.

정말 문제가 되는 것은 한 곳에서 다른 곳으로 옮아가고, 한 사람의 입에서 다른 사람의 입으로 옮아가면서 눈덩이처럼 커지는 무수한 말 덩어리들이다.

공사公私를 불문하고 부풀려진 말은 풍선처럼 터져 없어지지만, 사람들에게 상처를 주기 때문에 조심해야 한다. 부풀려진 말에 상처받지 않으려면 소문에 휘둘리지 않고 실상을 파악하려는 평정심이 필요하다. 고요한 마음이라야 신실한 상태로 대상을 밝게 비추어 볼 수 있고, 그때야 비로소 실상은 다소곳이 우리 앞에 다가올 것이기 때문이다. 진정 참을 알고 싶다면 차분히 시선을 모으고 대상을 바라봐야 한다.

■ ■ 이광정 李光庭(1552~1627)

조선 중기의 문인으로서 문과에 급제하여 대사성, 이조판서까지 지냈던 사람이다. 본관은 연안, 자는 덕휘德輝, 호는 해고海皐·눌옹訥翁이다. 임진왜란이 일어났을 때 선조를 따라 의주까지 갔고, 뒷날 청백리에 뽑히기도 했다. 광해군 때 당시 정치에 불만을 품고 병을 이유로 사직했으며, 다시 인조가 등극한 뒤 이조판서가 되었으나 역시 사직했다. 정묘호란 때에는 왕을 따라 강화도에 들어갔다가 병사하였다. 중국으로 사행을 갔을 때 수행원들이 사사로이 밀무역하는 일을 금지하기도 했고, 고을살이를 할 때 혼기를 놓친 처녀총각을 엮어주었다는 일화가 전한다.

■ ■ 《망양록亡羊錄》

이광정이 엮은 한문 단편집으로, 그의 문집인 《눌옹문집》 권21에 실려 있다. 대략 저자가 60세가 넘은 만년에 쓴 것으로 생각된다. 현재는 규장각에 보관되어 있다. 《망양록》은 당시 민중의 입을 통해 전해오던 속언, 고어들 중 세상 사람들을 깨우치는 데 도움이 될 만한 21편의 이야기를 세련된 문장으로 엮어놓은 것이다. 당시 과거제도의 모순을 신랄하게 지적

하고 인재 등용의 난맥상을 풍자한 작품들과 함께 건전한 인격 형성에 보탬이 될 만한 이야기들이 우화적 수법으로 표현되어 있다. 조선조 한문소설사, 특히 야담계 한문소설사의 발전을 연구하는 데 귀중한 사료이다.

선비는 욕심을 적게 가져야 외

이수광, 《지봉유설》

선비는 욕심을 적게 가져야

옛사람이 이렇게 말했다.

"선비가 능히 욕심을 적게 할 수 있다면, 맑고 담박한 것을 마음 편안하게 여겨 부귀 때문에 흔들리지 않을 것이다. 그가 외물外物을 가볍게 보면, 나아가고 물러가는 것이 자연히 바른 길을 잃지 않을 것이다."

이 말이 매우 옳다.

고해

언젠가 왕세정[1]은 이렇게 말했다.

"산에 사는 것은 좋은 일이다. 그러나 조금이라도 한번 빠져서 연연하게 되면 산도 또한 장터와 같을 뿐이다. 글씨와 그림을 감상하는 것도 좋은 일이다. 하지만 조금이라도 한번 보지 않으면 미칠 만큼 탐내면 또한 장사꾼의 모습과 같을 뿐이다. 술을 마시는 것은 참으로 즐거운 일이다. 그러나 조금이라도 자신을 병들게 할 만큼 술을 먹는다면 그것은 지옥에 떨어진 것과 같다. 손님을 좋아하는 것은 아담雅淡한 일이다. 그러나 속객俗客들에게 자신이 어지럽혀 흐트러진다면 그것은 고해苦海일 뿐이다."

나는 끝부분의 말을 이렇게 고치고 싶다.

"글 짓는 것은 고상한 일이다. 그러나 어쩌다가 한번이라도 지나치게 즐기게 되면 이것 또한 고해인 것이다."

아아! 나도 또한 고해 속의 사람이다. 어떻게 하면 업장業障[2]을 벗어나서 피안彼岸에 도달할 수 있을는지.

1_왕세정(王世貞): 중국 명나라의 문장가. 이반룡과 함께 문장복고 운동을 펼쳤다. 저서에 《예원치언》이 있다.
2_업장(業障): 세상에 태어나기 이전에 지은 죄로 인하여 이 세상에서 장애가 생기는 것.

욕심을 원수 보듯 하라

옛 책에 이렇게 말했다.

"일이 비록 잗다란 것이라도 반드시 지킴에 조심해야 하며, 일이 의심스러울 것 같으면 마땅히 묵묵히 남의 헐뜯음을 피해야 한다. 미워하는 사람에게는 그가 나를 해치는 것을 막고, 친근한 사람에게는 그가 나를 파는 것을 막으라. 욕심이 많고 더러움을 경계하기를 원수를 경계하듯이 하고, 사사로이 찾아와 뵙는 것을 막기를 도둑을 막는 것처럼 하라. 부정하게 서로 공격하면 참는 것으로 대처하고, 예의 있는 체모로 뒤따라오는 자에게는 겸손하게 대우하라."

나는 이렇게 말하련다. 벼슬자리에 있는 자가 이 말을 마음에 잘 지니고 있다면 허물이 적을 것이다.

마음 읽기   ## 조급한 욕망은 허망할 뿐이라

'일모도원日暮途遠'이라는 말이 있다. 해는 저물고 가야 할 길은 멀다는 뜻으로, 해야 할 일은 많고 시간은 없어 마음이 조급한 상황을 두고 이른 말이다. 요즘의 내 심정이다. 빚 독촉에 시달리는 사람처럼 하루가 정신없이 지나간다. 해 질 무렵이면 허둥지둥 하던 일을 마무리하지만 끝내 뭐 하나 제대로 된 것 없어 창밖만 바라보다 끝나기 일쑤다. 집으로 돌아오더라도 허탈한 마음에 손에 일이 잡히지 않고 날씨만 탓하다가 그냥저냥 잠이 들고 만다. 그러다 어느 날 꿈결에 지봉芝峯 이수광을 만났다. 그날 저녁 답답한 마음에 《지봉유설》을 들추어 보았는데, 안타까운 마음이 들었는지 지봉 선생이 현신現身한 것이다. 선생은 나를 측은히 바라보다 중국 명나라 사람 왕세정의 말이라며 이렇게 말해주었다.

    언젠가 왕세정이 이렇게 말했소.
    "산에 사는 것은 좋은 일이다. 그러나 조금이라도 한번 빠져서 연연하게 되면 산도 또한 장터와 같을 뿐이다. 글씨와

그림을 감상하는 것도 좋은 일이다. 하지만 조금이라도 한 번 보지 않으면 미칠 만큼 탐내면 또한 장사꾼의 모습과 같을 뿐이다. 술을 마시는 것은 참으로 즐거운 일이다. 그러나 조금이라도 자신을 병들게 할 만큼 술을 먹는다면 그것은 지옥에 떨어진 것과 같다. 손님을 좋아하는 것은 아담雅淡한 일이다. 그러나 속객俗客들에게 자신이 어지럽혀 흐트러진다면 그것은 고해苦海일 뿐이다."

나는 여기에 한 가지 첨가하고 싶소. 글 짓는 것은 고상한 일이오. 그러나 어쩌다가 한번이라도 지나치게 즐기게 되면 이것 또한 고해라오.

순간, 벼락을 맞은 듯 온몸이 크게 흔들렸다. 지봉 선생은 과도한 욕심을 지적하고 있었다. 사람이라면 누구나 산, 글씨, 그림, 술, 사람을 좋아하지 않을 이유가 없다. 그렇지만 만일 거기에 연연하고 탐내다 몸은 병들고 마음이 흐트러진다면 산은 장터요, 글씨와 그림을 보던 나는 장사꾼이며, 술은 지옥이요, 손님과 만나는 곳은 고해일 뿐이다. 그렇다, 지나친 욕심은 몸과 마음의 적이다.

나는 젊은이라면 당연히 사람과 일에 대한 욕심은 가져

야 한다고 생각한다. 그리고 그것은 때를 놓치면 안 된다고 생각한다. 거의 신념을 넘어서 신앙 수준으로 갖고 있는 생각이다. 그런데 이 '때'는 제 몫과 맞아야 한다는 것을 잊고 있었다. '몫'은 당사자가 지닌 능력이요, 처한 상황인 것이다. '때'가 주어진 조건이라면 '몫'은 주체적 역량으로서 성패의 관건이기도 하다. 그래서 제 몫을 넘는 욕심은 헛된 욕망일 뿐이요, 거기에는 사심私心이 개재되게 마련이다. 옛사람들이 욕심을 적게 가져야 부귀에 흔들리지 않고, 사사로움이 많은 데서 실패한다며 절제를 권장하고 사심을 경계했던 것도 그 때문일 것이다.

 혹시 나의 조급함은 제 몫을 넘은 욕심 탓이 아니었을까? 제 몫을 넘는 성과에 집착한 마음이 스스로를 지치게 만들고, 제 몫이 아닌 사람에게 연연하느라 초조했던 것은 아니었을까? 속살을 내보인 것 같아 부끄럽기만 하다. 무더운 여름, "욕심을 줄이라"는 과욕寡慾 두 글자를 죽부인 삼아 시원하게 보내고 싶다.

■ ■ 이수광 李睟光(1563~1628)

조선 중기의 문인으로, 본관은 전주, 자는 윤경潤卿, 호는 지봉芝峯이다. 대사성, 대제학까지 지낼 정도로 문장에 뛰어났다. 《주역언해》《사기》를 교정했으며, 수차례 명나라에 다녀오면서 안남(지금의 베트남), 유구(지금의 오키나와), 섬라(지금의 태국)에서 온 사신을 만나 그곳 풍속을 기록할 정도로 지적 호기심이 강했다. 저서에 《지봉집》이 있다.

■ ■ 《지봉유설芝峯類說》

이수광이 편찬한 백과사전류 책으로서, 20권 10책이다. 천문·시령時令(절기)·재이災異(기상이변)·지리·제국諸國 등에서 훼목卉木·금충禽蟲까지 모두 25부 183항목으로 구성되어 있다. 이 밖에 마테오 리치를 비롯해 세계 각국의 정보와 영국 함대에 대한 기록까지 실려 있다. 당시 중국을 통해 알려지기 시작한 천주교와 서구 문물을 소개했던 선구적인 책으로서 가치가 높다.

다섯 가지 사람됨

장유, 《계곡만필》

남이 세워주어야 서는 자는 어린이요, 남에게 빌붙어서 자라는 자는 담쟁이요, 남을 따라서 변하는 자는 그림자요, 남의 물건을 훔쳐서 제 잇속을 채우는 자는 좀도둑이요, 남을 해쳐서 제 몸을 살찌우는 자는 승냥이다. 사람으로서 이 다섯 가지에 가깝다면 군자에게서는 버림을 받고 소인과 어울리게 될 뿐이다. 그런데 뒤의 두 가지(좀도둑과 승냥이)는 보기에도 추한 허물이기에 오히려 쉽게 벗어날 수 있지만, 앞의 세 가지(어린이, 담쟁이, 그림자)는 자질구레한 허물이어서 더욱 살피기 어렵다. 몸가짐에 힘쓰는 사람으로서 어찌 조심하지 않을 것인가.

　사람이란 반드시 스스로 다스린 다음이라야 남을 기다리지 않을 것이며, 스스로 선 다음이라야 남에게 붙지 않을 것이며, 지키는 절조가 있은 다음이라야 남을 따르지 않을 것이며, 불의를 부끄러워한 다음이라야 남의 물건을 훔치지 않을 것이며, 불인不仁[1]을 미워할 줄 안 다음이라야 남을 해치지 않을 것이다. 이것을 요약해서 말하면 사람이란 의리와 이욕利慾[2]을 구분해야 하는 것이다.

1_ 불인(不仁): 어질지 못함.
2_ 이욕(利慾): 사사로운 이익을 탐내는 욕심.

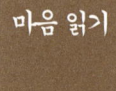 ## 의리와 이욕,
상대에 대한 존중에 달려 있다

조선 중기, 학문과 문장이 뛰어났던 장유는 스스로 '병부病夫'라 하며 마음의 병을 앓고 있었다. 그는 아무것도 하지 않는 것보다 그래도 뭔가 하는 것이 낫다는 성현의 말을 위안 삼아 자잘한 얘기를 적곤 했다. 앞의 이야기도 그 가운데 하나다. 그러나 '자잘하다'라고 표현하기는 했지만, 내용을 보면 생각보다 심오하다.

나는 남과의 관계 속에서 몸가짐과 마음가짐을 바로잡으며 성장한다. 그런데 관계란 '누구'와 함께하는가도 중요하지만, '어떻게' 만나는가도 그에 못지않다. 일찍이 공자도 "세 사람이 함께 가면, 그 안에 반드시 나의 스승이 있다"고 했다. 굳이 누군가를 정하지 않더라도 세상 사람 가운데 자신의 행실을 돌아볼 스승을 찾을 수 있다는 것이다.

장유는 어떻게 남과 만날 것인가에 대해 반면교사의 예를 들어 설명한다. 그는 다섯 가지의 자질, 곧 어린이, 담쟁이, 그림자, 좀도둑, 승냥이로 사람의 못난 자질을 나타낸다. 이것은 자신을 다스리지 못해 남의 손에 키워지기를 바라는 미성숙함, 스스로 독립하지 못하고 남의 권세에 빌붙어 살아야 안심하는 의존심, 스스로 판단하지 못하고 남의 말과 행동을 좇아 하는 주체 없음, 의롭지 않은 물건도 마다하지 않는 염치없음, 어질지 못함을 미워할 줄 모르는 잔인함 등이다.

　이들 가운데 몰염치와 잔인함은 쉽게 눈에 띈다. 그래서 오히려 고치기 쉽다. 하지만 앞의 세 가지는 그렇지 않다. 마음 한구석에 꼭꼭 숨어 있어서 웬만한 혜안을 갖지 않고는 볼 수 없기 때문이다. 남의 것은 물론이요, 제 것을 보기란 더욱 어렵다. 그래서 장유는 특별히 조심하라고 당부한다. 다섯 가지로 구분되었지만, 이들은 모두 의리와 이욕 사이에서 방황하는 사람들의 모습이다.

　의리와 이욕은 어떻게 구분할 수 있을까? 이것은 쉽지 않다. 그런데 분명한 것은 상대를 하나의 인격체로 대우하고, 그들의 생명을 존중하며, 그들이 잘살기를 원하는 사람에게서 이욕의 실마리를 찾기는 어렵다는 점이다. 그런 면에서 제 욕심과 권력을 위해 남을 해치고, 제 원한을 풀기 위해 애꿎은 사람에게 폭력을 휘두르는 일은 분명 저급한 욕망의 충족일 것이다.

■ ■ 장유張維(1587~1638)

조선 중기에 활동했던 학자이자 정치가로 양명학을 공부했다. 본관은 덕수, 자는 지국持國, 호는 계곡溪谷이다. 문장이 뛰어나 조선 중기의 4대 문장가(월사 이정구, 상촌 신흠, 계곡 장유, 택당 이식)로 뽑혔을 정도이다. 광해군이 집권하던 시절 문과에 급제했으나, 광해군을 몰아낸 인조반정에 참여하기도 했다. 양명학뿐만 아니라 천문, 지리, 의술, 병서 등 각종 학문에도 능통했다. 특히 도가적 상상력이 뛰어났던 인물로 꼽힌다.

■ ■ 《계곡만필溪谷漫筆》

1635년(인조 13년) 장유가 병에 누워 있으면서 쓴 책이다. 장유는 어릴 때부터 독서와 글쓰기를 좋아했다. 《계곡만필》에는 학술적인 글과 더불어 고사, 소설, 자신의 학문 및 수필 등 208편의 잡다한 내용의 글이 담겨 있다. 담배에 대한 고사나 우리나라와 중국에서 일어났던 여러 가지 일, 평소 들었던 문장이나 한시에 대한 비평 등도 담겨 있어 역사적으로도 가치가 크다.

양촌기

이색, 《목은집》

'양촌陽村'은 나(이색)의 문생인 영가[1] 사람 권근[2]의 호이다. 그가 이렇게 말했다.

"저는 선생님의 문하에서 나이도 가장 어리고 학문도 가장 보잘것없습니다. 그러나 선생님을 사모하여 발을 돋우고 바라보는 것은, 가까운 곳에서 좀 더 먼 곳으로 가려는 마음이 있기 때문입니다. 그래서 저의 자를 '가원可遠'이라고 했습니다."

이 세상에서 가장 가깝고도 먼 것을 찾으라면, 안으로는 참誠(참됨)이요, 밖으로는 양陽(볕)이다. '참'은 정녕 반듯한 사람이라야 밟아나갈 수 있지만, '양'은 아무리 어리석고 보잘것없는 사람이라도 누구나 알 수 있다. 봄이면 따스하고, 여름이면 두려울 정도로 더우며, 가을이면 볕으로 쬐고, 겨울이

1_영가(永嘉): 안동의 옛 이름.
2_권근(權近): 고려 말 조선 초의 문신이자 학자.

면 다시 따스함을 회복해간다. 한 해의 농사가 이로써 이루어지고, 사람살이도 그로써 완성된다.

양촌은 생각하기를 "성인이 인재를 키우는 것도 이와 같다. 시경과 서경, 예와 악의 가르침은 모두 천시天時에 순응하는 것이다"라고 했다. 공자는 일찍이 "날더러 숨긴다고 생각하는가? 나는 숨기는 것이 없다"고 말했다. 공자는 하늘과 땅과 같고, 해와 달과 같으니, 넓고 커서 포용하지 않는 것이 없고, 밝음을 대신하여 비추지 않는 것이 없다. 그 사이에 만물이 형형색색으로 남김없이 모두 제 모습을 드러내므로 "솔개는 날아 하늘까지 이르고, 물고기는 물 위로 뛰어오른다"고 하여 생명의 이치가 위와 아래에서 밝게 드러남을 말했던 것이다. 여기에 또 무엇을 숨기랴? 아무리 음험하고 사악한 사람들도 모두 그 사실을 숨길 수 없으니, 공자는 알지 못하는 것도 없고, 가르쳐 변화시키지 않는 것도 없다. 밝다면 더없이 밝고, 넓다면 더없이 넓으리라.

공자가 기수沂水[3]가에서 목욕하고 무우舞雩[4]에서 바람을 쐬고 싶다고 한 데서도 오히려 화기和氣[5]가 흐르는데, 이것은 옛날 요순 임금의 기상과 다름이 없었다. 따라서 때맞추어 비가 내려 만물의 싹을 틔우고 자라나게 하는 것은 다시 무엇을

3_기수(沂水): 중국 산동성의 타이산(泰山) 산지에서 발원하여 남류하는 강.
4_무우(舞雩): 기우제를 지내는 곳. 또는 기우제를 지낼 때 춤을 추는 곳.
5_화기(和氣): 온화한 기색. 또는 화목한 분위기.

말하겠는가? 그 또한 요순 임금의 기상인 것이다.

아아! 공자가 자신을 따라다니며 배우는 3천 명의 사람들과 70명의 제자들에게 하늘이자 땅이요, 해이자 달이 되었던 것은 그가 지닌 양陽의 도리가 밝게 드러난 것이다. 그러나 그것을 직접 보고 알아낸 사람은 아주 적었다.

다행히도 증자[6]와 자사[7]가 글을 지어 지금까지 전하고, 성리학이 전해진 다음에 배우는 사람들이 그 글을 읽게 되었다. 그래서 공자의 모습과 마음을 알게 되었다. 그리하여 진나라, 한나라 이래로 음陰에 가려져 어둡고 컴컴해서 마치 도깨비에 홀린 듯했던 것을 맑은 바람이 불어 자취도 없이 쓸어버린 것과 같이 만들었으니, 참으로 통쾌한 일이로다! (…)

아아! 선비가 이 세상에 태어나서 때를 만나지 못했으면 모르겠지만, 때를 만났다면 임금을 도와 온 세상에 봄볕陽春을 펴야 하는 것이다. 나같이 늙은 사람이 다시 무엇을 바라겠는가? 가원은 자신이 생각한 뜻이 있어 스스로 호를 지었으니, 더욱 힘쓰도록 하라. 그럼, 어디에서 힘쓸 것인가? 반드시 정성을 다하는 마음에서 시작해야 하리로다.

6_증자(曾子): 중국 노나라의 유학자. 공자의 덕행과 사상을 조술(祖述)하여 공자의 손자인 자사(子思)에게 전했다.
7_자사(子思): 중국 노나라의 유학자. 공자의 손자로, 사서(四書)의 하나인 《중용》의 저자로 전한다. 증자의 제자이며 맹자의 스승이다.

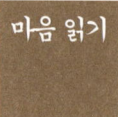 ## 안으로는 참되고
밖으로는 따뜻하게

〈양촌기〉는 이색이 자신의 제자 권근에게 '양촌'이라는 호를 지어주며 써준 글이다. 권근은 스스로 '가원'이라 호를 정했다. 흔히 호를 지을 때는 이름과 같은 뜻으로 짓기보다는 상대적인 뜻으로 지어서, 뜻이 지나친 것은 깎아내고 모자란 뜻은 보태게 마련이다. 권근은 자기 이름자 가운데 '근近(가깝다)'이라는 글자가 혹시라도 천박하고 소극적인 뜻으로 머물까 두려워서 '원遠(멀다)'이란 글자로 스스로 좀 더 멀리 시야를 갖도록 격려하였다. 스승이었던 이색은 그의 마음을 알았다. 그래서 내친 김에 한 발 더 나아가 그에게 앞으로 무엇을 찾아야 할지를 말해주려 했다. 그것이 바로 '참誠'과 '양陽'이다.

'참'이란 착하다는 뜻으로, 사실이나 이치에 조금도 어긋남이 없는 것, 그래서 반듯한 사람만이 가능한 덕목이다. 안으로 끊임없이 성찰해야 착해지고 참해지는 것이다. 또한 '양'은 우리 주위에 늘 존재하고 아주 흔하기에 쉽게 느낄 수 있다. 하지만 그 덕분에 오히려 그 존재를 쉽게 잊어버린다. 장맛비가 내리거나 아주 추운 계절을 만날 때에야 햇볕을 그리워하듯이 말이다. 우리가 알아주든 알아주지 않든 양은 계절에 따라 모습을 바꿔가며 생활의 밑천을 일구고 사람살이를 완성해준다.

스승이 제자에게 일깨우고 싶었던 게 바로 이것이다. 언제나 변하지 않는 진리란 지천에 깔린 흙처럼 흔한 일상 속에서 시작되고, 완성된다는 사실! 이것이 바로 일상의 아름다움이다. 그러나 이러한 일상의 아름다움을 알기란 쉽지 않다. 왜냐하면 보이지 않기 때문이다. 그래서 스승은 간곡하게 당부한다.

"어디서부터 힘쓸 것인가? 마땅히 참에서 시작하라."

안으로 마음을 가다듬어 참을 회복하는 순간, 양은 삶을 이루어주는 착하고 순한 '양羊'의 모습으로 우리에게 다가올 것이다. 그래서 고려 말의 지식인 이숭인李崇仁도 마음의 평정을 찾는 순간 한여름의 뜨거운 양기조차 서늘하다고 말했던 것이리라.

창으로 찌는 열기에 땀은 줄줄 흐르고
타는 태양 붉은 구름에 시간은 더뎌라.
허나 내 마음 정녕 물을 닮자.

도리어 무더운 곳조차 서늘하여라.

軒窓蒸鬱汗翻漿 赤日彤雲晝刻長
賴有寸心能似水 却於炎處作淸凉

— 《도은집陶隱集》 중 〈괴로운 더위苦熱〉

■ ■ 이색 李穡(1328~1396)

고려 후기의 대표적 문장가이자 정치가. 본관은 한산, 자는 영숙潁叔, 호는 목은牧隱이다. 포은 정몽주, 야은 길재와 함께 삼은三隱으로 불린다. 세 사람의 호에 각각 '은' 자가 들어 있어서 생긴 이름이다. 이색이 살았던 시기는 나라 안으로는 고려와 조선이, 나라 밖으로는 원나라와 명나라가 교체되면서 많은 변화와 갈등을 겪던 때였다. 이색은 이러한 혼란한 정국 속에서도 고려 왕조의 문학을 집대성하고 성리학을 가르쳐 당시 고려 말 조선 초의 정국을 주도한 지식인들을 길러냈다. 고려에 절의를 지켰던 정몽주, 이숭인은 물론이요, 조선을 건국한 정도전, 권근 등이 모두 그의 제자이다.

■ ■ 《목은집牧隱集》

이색의 시문집이다. 조선 초기 그의 아들 이종선에 의하여 55권 24책으로 간행되었다. 이 책은 시와 산문을 구분하여 편집했다. 여기에 실린 시만 해도 8천여 수 정도인 것을 보면 실로 고려조의 대문장가로 칭송받을 만하다. 문학 작품으로서만이 아니라 고려 말의 정치·사회상을 알 수 있는 역사적 자료로서의 가치도 크다. 실제로 조선 초기에 《고려사》를 엮을 때 사료로서 활용되었다. 특히 그의 글 가운데 당시의 경제적 생활을 알려주는 기록과 세도가들을 위해 써준 묘비명은 당시의 일류명사 집안의 것이 많고, 대부분 조선 초기 집권층에 속하였다. 따라서 조신 초기 집권층을 연구하는 데에도 유용한 자료를 제공한다. 〈양촌기〉도 그에 속한다.

만랑수

성현, 《부휴자담론》

만랑수漫浪叟[1]가 남산 남쪽 기슭에 정자를 지었다. 소나무와 삼나무가 울창한 곳이었다. 한낮에도 부엉이가 숲 속에서 울 정도로 울창했다. 그런데 만랑수는 그 소리가 듣기 싫어 점쟁이를 찾아가 그 길흉을 물어보려 했다.

그러자 그의 친구가 말했다.

"저 부엉이는 남산을 문으로 삼고 소나무를 집으로 삼은 새일세. 사람들이 제게 다가오는 것을 두려워하여 궁벽한 곳으로 숨어들었던 것이지. 그런데 그대는 지금 집을 지으면서 큰길이나 저자 바닥을 버리고 적막한 남산 속을 선택했네. 이는 말하자면 그대가 부엉이의 집을 침범한 것이지, 부엉이가 그대 집을 침범한 것이 아니네. 부엉이 집에 살면서 부엉이의 울음소리를 싫어하다니, 저 부엉이란 놈은 장차 어디로 가라

1_ 만랑수(漫浪叟): 일정한 생업을 갖지 않은 채 떠도는 노인.

는 말인가? 정작 부엉이가 불평할 일이지 그대가 불평할 일은 아니지 않은가?"

나(성현 자신을 말함)는 이렇게 생각한다.

"그 친구의 말이 옳다. 산속에 살면서 승냥이와 호랑이가 울부짖는 소리를 싫어하는 것이나, 물가에 살면서 파도가 요동치는 소리를 싫어하는 것이나, 얼음을 끌어안고 추위를 싫어하는 것이나, 불가에 앉아서 더위를 싫어하는 것 등이 다 그와 같은 경우들이다. 그뿐 아니다. 벼슬길에 나아가서 힘들게 일하는 것을 싫어하거나, 나이가 들어서 병이 드는 것을 싫어하거나, 권세가 없으면서 천하게 사는 것을 싫어하거나, 관직이 낮으면서 가난하게 사는 것을 싫어한다면, 그런 사람은 자신의 처지를 후회하지 않는 경우가 없을 것이다."

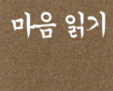 받아들이고 인정하는 순간
'숲'이 된다

걷기 운동으로 운동장을 걸을 때는 편하고 아무런 부담이 없어서 좋다. 그런데 산이나 산책로를 다닐 때에는 돌부리에 부딪히거나 발을 헛디디지 않을까 걱정하고, 오가는 사람들과 부딪히면 어쩌나 하며 신경이 곤두서지 않은 적이 없다. 그러니 아무 생각 없이 발길 놓을 수 있는 평평한 길이 좋아질 수밖에. 그러다 문득 이런 생각이 든다. '사람으로서 사람이 있는 곳을 싫어하다니! 이러다 친구들까지 싫어하게 되는 건 아닐까?'

조선 전기의 문인 성현도 그것을 걱정했다. 그가 만랑수의 불평을 어불성설이라며 꾸짖는 마음을 우리도 한번 헤아려보자.

옛날 한 노인이 살고 있었다. 정해진 생업을 갖지 않은 채 세상을 떠돈다 하여 '만랑수'라고 불렸다. 그는 남산의 남쪽 기슭에 정자를 지었는데, 부엉이조차 한낮에 울어댈 정도로 소나무와 삼나무가 울창한 곳이었다. 그런데 그 노인은 부엉이 소리가 듣기 싫었다. 산의 조용함을 깨뜨린다고 여겼던 것이다. 그래서 점쟁이를 찾아가 그 길흉에 대해 물어보려 했다. 그때 그의 벗 하나가 이렇게 말했다.

> 그대가 부엉이의 집을 침범한 것이지, 부엉이가 그대 집을 침범한 것이 아니네. 부엉이 집에 살면서 부엉이의 울음소리를 싫어하다니!

참으로 탁견卓見이 아닐 수 없다. 산을 부엉이의 집이라며 노인을 '침입자'로 규정하는 것도 날카롭지만, 산에 살면서 산짐승의 소리를 싫어하는 것이 얼마나 우스운 일인가를 비웃는 대목에서는 은근히 통쾌함마저 느낄 정도다. 만랑수는 '자연인'을 뜻하는데도, 그는 그 산의 주인인 부엉이의 울음소리를 싫어한다. 이것은 물가에 살면서 파도가 요동치는 소리를 싫어하고, 얼음을 끌어안고 있으면서 추위를 싫어하며, 불가에 앉아서 더위를 싫어하는 것과 같은 꼴이다. 그렇다면 그는 가짜 자연인일까?

사람들과의 관계도 그럴 것이다. 애초 어울리겠다고 작정하였다면, 그 관계 속의 분위기며 이야기를 즐겨야 한다. 그렇지 않고 그 분위기, 그들의 목소리에 짜증을 내면서 함께 어울리겠다고 하는 것은 어리석은 짓일 뿐이다. 그것이 잘 안 될 때, 그때 자신을 되돌아보라. 내가 어떤 모습을 하고 있는지, 어떤 마음을 하고 있는지. 분명 '아상我相', 즉 나를 고집하는 마음에 사로잡혀 있으리라. 나를 내려놓지 않으면, 남과 어울릴 수 없다. 숲 속에 들어가면서 '나'를 안고 가는 이는 '숲'이 될 수 없다. 만랑수는 산속에만 있지 않다.

■ ■ 성현成俔(1439~1504)

조선 초기의 학자. 본관은 창녕, 자는 경숙磬叔, 호는 허백당虛白堂, 부휴자浮休子이다. 대사헌과 대제학을 지낼 정도로 관료세계에서 출세했던 탓에, 조선 초기 관료사회의 명암을 가감 없이 전할 수 있었고, 아울러 그 건강성으로 민간의 서정과 일화를 문학세계로 끌어들였다. 저서에《허백당집虛白堂集》《용재총화慵齋叢話》등이 있다.

■ ■ 《부휴자담론浮休子談論》

성현이 쓴 책으로, 2천 년 전 중국 전국 시대를 살았던 부휴자라는 가공인물을 주인공으로 내세워 조선 시대의 정치, 사회, 문화, 예술 전반의 현안에 대한 담론을 펼친 책이다. 조선 초기의 우언문학寓言文學을 대표하는 저서로 높이 평가되고 있다.

옛글에서 다시 찾은
사람의 향기

2

끊임없는 수양으로
가난한 마음을 지켜라

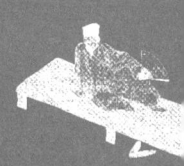

책 속에서 찾는 길

홍길주, 《수여방필》 외

1.
문장은 다만 독서에만 있지 않다. 독서도 다만 책 안에 있지 않다. 산과 강, 구름과 바람, 새와 길짐승, 나무와 풀의 볼거리와 일상의 자질구레한 일들이 모두 독서다. - 〈수여방필(3)〉

2.
나는 배움이 넓지 못한 데다 나이 들며 점점 게을러져서 평소에 혹 책을 마주하지 않기도 한다. 하지만 아침저녁으로 눈과 귀로 접하는 해와 달, 바람과 구름, 새와 짐승의 변화하는 모습에서 방 안에 늘어놓은 책상이나 손님과 하인들이 주고받는 자질구레한 말들에 이르기까지 어느 것 하나 책이 아닌 것이 없었다. 가슴속에는 언제나 《시경》과 《서경》《논어》와 같

은 책 몇 부가 뒤섞여 맴돌고 있다. - 〈수여연필(118)〉

3.
진시황은 책을 불살랐으니 천고의 어리석은 사람이다. 책을 진실로 불사를 수 있겠는가. 이것은 그저 죽간에 실려 있는 것만을 책이라고 말한 까닭에, 그것을 태우면 책을 없앨 수 있다고 생각했던 것이다. 책이란 참으로 하늘과 땅 사이에, 저들과 함께 태어나서 사라지는 존재이다. 어찌 하늘과 땅이 남아 있는데, 불살라버릴 수 있단 말인가. 한자를 만들었던 창힐倉頡[1]이 태어나기 전부터 하늘과 땅 사이에 책이 없었던 적은 없었다. 한번 동틀 무렵 구름과 바다 사이를 보라. 그곳에 수억만 권의 글자가 보이지 않는가? 비록 진시황이 1만 명이라 한들 그것을 모두 불사를 수 있겠는가? 진시황이 책을 태우자 선비들이 그 내용을 외우며 전해주어, 결국 한나라 때에 육경六經[2]이 나오게 되었다. 세상에서는 이를 두고 참으로 다행이라고 말들을 한다. 그러나 육경이 끝내 전해지지 않았다 해도 구름과 바다 사이에 수억만 권의 책이 그대로 남아 있을 터이니, 구태여 육경이 없다 하여 무엇을 슬퍼하리오.

- 〈수여난필속(1)〉

1_창힐(倉頡): 중국 고대의 전설적인 제왕인 황제(黃帝) 때의 좌사(左史)로, 새와 짐승의 발자국을 본떠서 처음으로 문자를 만들었다고 한다.
2_육경(六經):《시경(詩經)》《서경(書經)》《예기(禮記)》《악기(樂記)》《역경(易經)》《춘추(春秋)》의 여섯 가지 경서를 말한다.

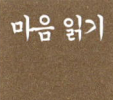 ## 글자 너머 일상이 모두 책이다

사 모으기 시작한 책이 어느새 점점 산처럼 책상 위에 쌓여가는 경험을 해본 적이 있을 것이다. 책의 양이 많기도 하지만 마음에 담아둘 수 없을 정도로 넘쳐나서 책을 봐도 글자가 눈에 들어오지 않는 경우 말이다. 곰곰 생각해야 겨우 이해할 수 있는 책을 대할 땐 숨이 차고 답답해지기도 한다. 그러다가 커튼 사이로 살짝 보이는 청아한 하늘빛을 보면 마음이 훤해진다. 글자 밖의 아름다움을 발견했기 때문일까?

홍길주는 문자로 이루어진 글뿐만 아니라 천지만물 그 자체도 하나의 글로 읽을 수 있다고 말했다. 그래서 진시황이 분서焚書를 한 행위가 얼마나 쓸모없는 짓이며, 또 책이 없다 해도 걱정할 것이 없다는 다소 충격적인 말을 한 것이다. 하지만 곰곰이 생각해보면 이것은 상식이다. 길을 나서는 순간 공부가 시작된다는 말도 있지 않은가.

책이란 세상의 이치를 문자로 기록하여 묶은 물건이다. 요즘처럼 전자신호로 책을 만드는 세상이고 보면, 책이란 것이 꼭 문자에 국한될 것은 아니리라. 그런 점에서 지금 세상에서 홍길주의 발언은 그다지 새로운 것은 아니다. 온 천지가 지혜의 보고라는 상식을 확인하고 있기 때문이다. 그런데 이 안에는 책에 대한 정의를 넘어서는 더 깊은 마음이 담겨 있다. 아침에 눈을 뜨고 저녁에 잠들 때까지, 주위에서 만나는 모든 일상과 사물이 저마다 이치를 지니고 있고, 그 이치로 이루어진 삶의 무늬를 소중하게 보라는 가르침을 담고 있기 때문이다. 너나없이 외형적 아름다움에 마음을 빼앗기고 의례적 형식에 치중하는 세태에서, 겉으로 포장된 형식에 내이지 않고, 그 안에 담긴 생각을 오롯하게 보고, 내면의 성숙함을 일상에서 회복하는 일은 따지고 보면 그다지 어려운 일은 아니다. 생각만 바꾸면 될 일이다.

■ ■ 홍길주洪吉周(1786~1841)

조선 후기에 활동한 문인으로 오늘날 우리에게는 이름이 잘 알려져 있지 않다. 호는 항해沆瀣이다. 그의 형은 대제학을 지낸 홍석주이고 동생은 정조대왕의 사위인 홍현주이다. 하지만 그는 벼슬길에 나서지 않고 평생 책을 읽고 글을 쓰며 살았다. 그가 지은 《숙수념孰遂念》은 상상의 공간을 만들고 그 안에서 벌어지는 이야기를 담고 있는데, 당시 지식인들의 욕망을 읽을 수 있다.

■ ■ 《수여방필睡餘放筆》《수여연필睡餘演筆》《수여난필睡餘瀾筆》《수여난필속睡餘瀾筆續》

홍길주의 4부작 저서로 당대 사회를 보여주는 흥미로운 일화들과 문단의 흐름, 문학과 인생에 대한 자신의 견해, 일상사에 이르기까지 보고 듣고 느낀 것을 기록한 책이다. '수여睡餘'라는 제목에서 알 수 있듯이, 졸고 있는 사이에 마음 놓고 휘갈긴 글들이다. 각성된 정신세계가 이성적으로 제어되고 있다면, '졸고 있는 사이'는 자유로운 영혼이 넘나드는 공간이다. 19세기 지식인이 무슨 생각을 하고 있었던가를 알려주는 좋은 자료이다.

시골에서 살며 나를 경계하는 글

이승휴, 《동안거사집》

이 몸 홀로 지식인으로 가난하게 살았지. 그동안 헛된 명성만 쌓았을 뿐, 몸가짐은 이렇다 하게 알차지 않았다오. 아, 이렇게 살면서 경계할 것이 많건만, 과연 무엇을 첫째로 꼽아야 할까? 집안이 편안하고 나라가 위태롭지 않은 것인가? 아니면 정치가 잘되고 못되는 것인가? 부디 앞에서 허튼소리로 갖가지 떠들며 혀와 입술을 적시지 말라.

부절符節[1] 쥐고 옳으니 그르니 하거나 착하고 나쁨을 따지는 일은 보통 사람들이 할 일이니, 또한 의론議論[2]하며 따지지 말 것이라. 일마다 번거롭게 만들지 말고 청빈만을 즐기며, 초간모옥[3] 한 칸에 몸 들여도 그저 만족하고, 거친 밥 한 그릇에 배를 채우면 된다오. (…)

이미 먹물이 되어 풍월[4]을 읊조리고 있거든, 이 모두를

1_부절(符節): 예전에 돌이나 대나무, 옥 따위로 만들어 신표로 삼던 물건. 주로 사신들이 가지고 다녔으며 둘로 갈라서 하나는 조정에 보관하고 하나는 자신이 가지고 다니면서 신분의 증거로 사용했다.
2_의론(議論): 어떤 문제에 대하여 의견을 나누고 논의함.
3_초간모옥(草間茅屋): 숲 속의 띠로 엮어 만든 집. 가난하고 검소한 생활을 가리킨다.

없앨 수 없다 해도 경솔하게 붓을 들지는 말라. 세상에서 거리끼는 것이 제법 많으니 어찌 잘못 미움 사지 않을까 보냐? 쪼들리고 가난해도 남에게 구걸하지 말라. 군자란 궁핍을 지키며 지조를 잃지 말아야 한다.

내 뜻을 거슬렀다고 해도 가족에게 성내서는 안 되는데, 하물며 남을 탓하며 미워할 수 있겠는가? 안으로 참된 마음을 기르고 밖으로 세상과 어울리되, 자신의 욕망을 다스리고 낮추어서 가다듬어라. (…)

'참을 인忍'자 한 자가 우리 집안의 묘약이라. 삼교三敎[5]의 성인들도 이 말을 닦아 깨달았노라. 이 말을 코끝에 붙여 두고 생각하고 또 생각하여 소홀히 하지 말라. 네가 만일 그렇게 하지 않는다면 뉘라서 너를 지혜롭다 하겠는가?

4_풍월(風月): 바람과 달. 자연을 상징하는 표현으로 옛사람들이 자연을 즐기던 것을 말한다.
5_삼교(三敎): 유교, 불교, 도교를 가리킨다.

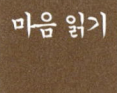

끊임없는 수양으로
가난한 마음을 지켜라

> 쪼들리고 가난해도 남에게 구걸하지 말라. 군자란 궁핍을 지키며 지조를 잃지 말아야 한다. 내 뜻을 거슬렀다 해도 가족에게 성내서는 안 되는데, 하물며 남을 탓하며 미워할 수 있겠는가? (…) '참을 인忍' 자 하나가 우리 집안의 묘약이라, 코끝에 붙여두고 생각하고 또 생각하라.

민족서사시 《제왕운기》를 지었던 이승휴는 이렇게 자신을 다독였다. 원나라 손에 휘둘리는 고려를 위해 평생을 충성했던 그이기에 진실함이 느껴지는 것은 당연하다.

이승휴는 '고궁固窮(곤란한 것을 당연한 것으로 여기고 잘 참고 견디는 것)'을 강조했다. 지금도 그렇지만 과거에도 가난을 좋아하는 사람은 없었을 것이다. 그러나 유독 가난의 마음을 강요받았던 이가 있었으니, 바로 '지식인'이다.

옛날부터 '사士'로 불렸던 이들은 전문적인 식견과 능력으로 세상을 위해, 사람들을 위해 노력했다. 그런데 진정한 지식인이 되려면 남다른 조건이 필요했다. 바로 자신을 던질 수 있는 '사명감'이다. 지식인은 수도자처럼 절제하고 정진해야 했고, 소처럼 참을성 있게 인간 세상을 밀고 나가야 했다.

여기서 사명감이란 바로 겸손한 마음이 아닐까? 지식인이란 '아는 사람'이다. 안다는 것은 '채운다'는 뜻과 같다. 곧 앎은 채움이니, 채움은 흔히 사람을 교만하게 만든다. 그래서 '아는 사람'들은 '모르는 사람'을 향하여 늘 계몽적이며, 권위적으로 변하다가 급기야 하늘로 올라가 하느님처럼 행세하기도 한다. 따라서 이들에게는 뼈를 깎는 수양이 필요하다. 수양을 통해 욕심을 버리고, 세상을 안을 수 있기 때문이다. '집안을 가지런히 하고(제가齊家), 나라를 다스리며(치국治國), 천하를 고르게 하기(평천하平天下)'에 앞서서 '제 몸을 닦는 것(수신修身)'을 강조한 것은 바로 이 때문이 아닐까.

다소 험하게 이야기하면 지식인은 칼 위에서 춤을 추는 무당과 같다. 왜냐하면 늘 긴장한 채 가난한 마음으로 살지 않는다면, 가장 추악한 모습으로 떨어지고 말기 때문이다.

평생을 지조 있게 살았고, 나라가 망하자 스스로 목숨을 끊었던 황현黃玹 같은 이조차 "이 세상에서 지식인 되기가 참으로 어렵다"고 유언한 것을 보아도 그렇다.

■ ■ 이승휴 李承休(1224~1300)

고려 후기의 문신이다. 자는 휴휴休休이며 성주 사람이다. 이승휴가 살았던 때는 몽고의 침입과 무신정권의 붕괴, 원나라의 간섭 등 고려가 급격한 변화를 겪은 시기였다. 그는 무신정권에 반대했고 정치적 개혁을 주장했다. 현실과 타협하지 않고 자신의 주장을 펼쳤던 이승휴는 비굴하게 타협하는 것보다는 파직되어 옮겨 다니는 것이 오히려 편안하다고 자위하면서 스스로 호를 '동안거사動安居士'라고 지었다. 또한 고려의 독자성과 민족의 자주성을 회복하고 원나라의 간섭으로부터 완전히 독립해야 한다고 주장했다. 그리고 이 같은 사상을 《제왕운기》의 편찬을 통해 실천하려고 했다. 이승휴는 단군을 시조로 하는 역사의 정통성을 정립함으로써 우리나라가 중국과는 구분되는 독립국가임을 천명하고 우리 민족의 우수성을 과시했다. 특히 우리나라 역사서 최초로 발해를 우리 역사에 편입시킴으로써 북방 고토에 대한 회복 의지를 제시했다는 평가를 받고 있다.

■ ■ 《동안거사집 動安居士集》

이승휴가 남긴 시문집으로 그의 아들 이연종이 엮었다. 고려 후기 대학자인 이색이 서문을 썼을 정도로 역사적으로 가치가 있다. 그런데 이승휴는 지난날 쓴 시문을 모두 없앴기에, 이 책에 수록된 글은 대부분 그가 강원도 두타산에 은거한 뒤의 작품들이다. 〈시골에서 살며 스스로 경계하는 글村居自戒文〉도 그러하다. 특히 이 책의 말미에 실려 있는 〈빈왕록賓王錄〉은 이승휴가 원나라로 사행을 다녀온 행적을 스스로 편집해 놓은 것이기에, 당시 원나라에 대한 지식인들의 생각을 읽을 수 있는 좋은 자료이다.

눈 뜨고 볼 수 없는 식탐자

유몽인, 《어우야담》

서울에 식탐이 있는 사람이 있었다. 어느 날 남양의 갯가로 간 김에, 그곳의 특산물인 굴젓을 맛보겠노라고 마음먹었다. 자신이 묵던 집 주인의 대나무 통에 굴젓이 가득한 것을 보았는데, 자기 생각에 가지와 잘 어울리겠다 싶어, 이리저리 찾다가 행랑 아래에 놓인 가지 반쪽을 찾아서 굴젓을 가지에 얹어 먹었다.

조금 뒤에 천식이 심한 주인 노인이 들어오더니 한참을 기침하다가 가래를 뱉으려 대나무 통을 찾았는데 보이지 않았다. 또 그 집 아이는 설사병을 심하게 앓던 중 항문이 빠져 버려서, 그 어미가 그때마다 가지로 항문을 밀어 넣곤 했는데, 그 가지도 온데간데없었다. 사실 길손이 먹은 가지는 바로 아이의 빠진 항문을 밀어 넣던 것이었고, 거기에 얹어 먹은 굴젓은 노인의 가래침이었던 것이다.

　아! 세상에서 이익을 찾고, 영달을 꾀하며, 음식을 탐내고, 구차하게 빌어먹는 자들이 바로 저 대나무 통을 뒤져 찾은 가래를 빠진 항문을 넣던 가지에 얹어 먹는 것과 무엇이 다르겠는가!

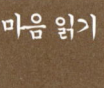 ## 우리 안의 욕망을 직시하라, 불편한 진실을

묵은해가 가고 새로운 해가 온다는 건 정말 신나는 일이다. 하지만 나이를 한 살 한 살 더 먹을수록 어른이 되어간다는 사실에 마냥 기분이 좋기만 한 것은 아니다.

　일찍이 공자는 나이 마흔을 일컬어 '불혹不惑'이라 했다. 불혹이란 정신이 제 갈 길을 놓치지 않고 세상의 유혹에 넘어가거나 헷갈리지 않는다는 뜻이다. 하지만 마흔이라는 나이가 되면 정말 그럴까?

　또한 공자는 서른을 가리켜 마음이 확고하게 도덕 위에 서서 움직이지 않는다는 의미로 '이립而立'이라 불렀다. 하지만 역시 30대에 자신의 생각을 똑바로 세운 사람도 보기가 쉽지 않다. 그렇다면 공자가 거짓말을 한 걸까? 불혹과 이립을 이룬 사람을 보기가 이렇게 쉽지 않으니 말이다. 공자의 말은 평범한 우리들에게는 희망이나 바람으로 받아들여져야 할 것 같다. 불혹과 이립이라는 숙제를 해결하기 위해서는 부단한 노력이 필요하다. 그래서 공자는 일상생활 속에서 그러한 노력을 잊지 말기를 당부하고자 했던 것은 아닐까.

욕망은 삶을 활기 있게 만들기도 한다. 하지만 제 몫을 넘어서는 탐욕은 추악할 뿐이다. 앞에서 부질없이 욕심내는 '식탐사'를 등장시킨 이유도 그 때문일 것이다. 식탐자는 먹을 것이라면 만사 제쳐놓고 달려든다. 죽을 줄 모르고 불을 향해 달려드는 부나방처럼 말이다. 그들은 늘 자기 자신을 합리화한다. 사실 그들의 눈은 자신이 보고 싶은 것만 보기에 자신이 어떤 모습인지, 어떤 상황에 처해 있는지 고려할 틈이 없다. 권력을 탐하거나 돈을 욕망하는 이들 역시 마찬가지이다.

혹자는 이렇게 변명할는지 모르겠다. 먹는 것은 본성이 아니냐고, 본성에 충실한 것이 어찌 해가 되느냐고. 물론 해가 되지는 않는다. 그러나 그로 인해 자신의 생명은 물론이요 주위 사람의 생명까지 해하게 된다면, 그것은 누가 책임질 것인가? 본성 탓이라고 할 것인가? 먹는 것도 배운 것이다. 뱃속부터 산해진미의 맛을 다 알고 태어나지는 않는다. 탐욕은 사회적으로 길러지는 것이다. 그렇다면 거꾸로 탐욕을 절제하는 법을 배우고 익힌다면 지금보다는 덜 추악하게 살지 않을까? 두말하기 역겨울 정도로 이상한 굴젓을 먹은 서울의 식탐자를 떠올리면서 우리네 본성에 숨어 있는 더러운 욕망을 확인해본다. 우리 안의 불편한 진실을.

■ ■ 유몽인柳夢寅(1559~1623)

조선 중기의 문장가로 본관은 고흥, 자는 응문應文, 호는 어우당於于堂이다. 유몽인이 살았던 선조와 광해군 시기에는 당파 싸움이 치열했다. 또 7년 동안의 임진왜란으로 사회적 혼란이 심했다. 이러한 시기에 여러 차례 암행어사로 활동했던 유몽인은 혼란한 사회 현실 속에서 더욱 힘들어진 민중의 삶을 목격하였으며 민간에 떠돌던 많은 민담과 전설, 일화 등을 접할 수 있었다. 상업을 부의 기반으로 하는 중상정책을 주장했고, 여진족의 침입을 막기 위해 군사 체제를 개편해야 한다고 주장하는 등 실사구시를 추구한 실학의 선구자이다.

■ ■ 《어우야담於于野譚》

유몽인이 편찬한 설화집으로 5권 1책으로 구성되었다. 야담 문학의 효시라고 할 수 있으며 민간에서 전래되어오던 민담과 전설, 일화 등을 모아 불합리한 당대의 현실을 비판한 작품으로, 유몽인의 실학 정신이 곳곳에 녹아 있다.

세상을 보는 또 다른 대롱

조희룡, 《우봉척독》

책 읽기가 싫은가요?

말하신 뜻이 참으로 지나칩니다. 형은 전선[1]의 〈구서도(仇書圖)〉[2]를 보지 않으셨습니까? 아이들이 책 읽기를 싫어하는 것은 고금에 똑같아요. 만약 책 읽기를 좋아한다면 도리어 이상한 일에 속하지요. 게다가 아이들이 책 읽기를 그만두고 놀기만 하는 일을 가지고 곧장 그의 평생을 이러니저러니 말하는 것은 큰 잘못이에요. 옛날 훌륭한 문장가 가운데 아이 적 일이 이와 비슷한 경우가 많았답니다. 형의 넓은 식견으로 다시 생각하시기를 바랍니다. 어떻게 무엇을 성취할 것인가는 책을 읽는가 그렇지 않은가에 있지 않지요. - 편지 10

---

1 전선(錢選): 중국 원나라의 화가·시인·학자.
2 구서도(仇書圖): 책을 원수 보듯 하는 뜻을 그린 그림.

그래도 읽어야죠!

시와 그림을 어찌 쉽게 말할 수 있겠는가? 서권기書卷氣[3]가 뱃속에 가득 차서 넘쳐 나와야 시가 되고, 문자향文字香[4]이 손가락에 들어가서 펼쳐 나와야 그림이 된다. 그런데 요즘 젊은이들은 《통감절요》[5] 반 권도 이해하지 못하면서 함부로 칠언율시를 짓고, 해서楷書 한 줄도 쓸 수 없으면서 함부로 난초와 대나무를 그린다. 그러면서 스스로 고상한 사람의 깊은 운치를 쓰고 그려내었다고 생각한다. 일곱 글자에 운자를 달기만 하면 시라고 말할 수 있는가? 먹물을 이리저리 휘갈기면 그림이라고 말할 수 있는가?

또한 우스운 일이 있다. 두 눈동자가 반짝반짝하여 밤에 가느다란 터럭같이 작은 것도 구별해낼 수 있으면서 항상 안경을 낀 채, 하루 종일 배나 쓰다듬으며 앉아서 한 가지 일도 하지 않고 한 가지 직업도 갖지 않는 것이다. 그리고 세상 일체의 일에 대하여 《서유기》《수호지》등의 책을 인용하여 함부로 재단하며 스스로 옛것에 박식하다고 자랑을 한다. 내 일찍이 이런 것을 비웃었다.

이 말을 내뱉자니 다른 사람을 거스르겠고, 내가 머금고

3_서권기(書卷氣): 책에서 나오는 기운, 즉 책을 좋아하는 마음을 뜻한다.
4_문자향(文字香): 문자로부터 우러나오는 향기, 즉 책을 좋아하는 마음을 뜻한다.
5_《통감절요》: 송나라 휘종 때 강지(江贄)가 사마광(司馬光)이 지은 《자치통감》의 방대함을 간추려 엮은 역사서.

있자니 나를 거스르게 된다. 차라리 다른 사람을 거스를지라도 끝내 이 말을 내뱉는다. 모름지기 각기 노력하여 이 단점을 벗어나면 다행이겠다.　- 편지 26

 ## 자신의 눈과 마음으로
책을 읽고 세상을 바라보라

요즘 부모들의 잔소리 중 손꼽히는 것이 독서에 대한 것이다. 독서가 마음의 양식이며 꼭 해야 하는 것이라고 믿고 있기 때문이다. 더구나 대학입시의 관건이 다양한 독서를 통해 얻은 교양에 달려 있다고 하는 소리가 늘 들리는 상황에서는 더 말할 것도 없다.

그런데 조선 시대의 화가 조희룡은 이런 생각에 반대하한다. 아마도 편지의 상대는 아이들이 도무지 책을 읽지 않으니 그놈이 커서 뭐가 되겠냐고, 희망이 없다고 한탄 반 걱정 반을 한 모양이다. 그런데 조희룡은 원나라 화가의 그림까지 예로 들며 오히려 책 읽는 것을 좋아하는 게 이상한 일이라고 말한다. 장래를 빌미로 독서를 권유하는 것조차 잘못이라고 한다. 책을 읽지 말라니 정말 이상한 일이다.

하지만 곰곰 생각해보면, 조희룡의 말을 이해할 수 있다. 사람을 판단할 때 오직 독서량만으로 판단하는 게 얼마나 잘못된 건지, 소위 '먹물'의 아집을 지적하려 했던 것이다.

조희룡의 말을 살펴보자.

향은 사람을 그윽하게 하고, 술은 사람을 초연하게 하고, 돌은 사람을 준수하게 하고, 거문고는 사람을 고요하게 하고, 자는 사람을 상쾌하게 하고, 대나무는 사람을 차갑게 하고, 달은 사람을 외롭게 하고, 바둑은 사람을 한가롭게 하고, 지팡이는 사람을 가볍게 하고, 미인은 사람을 어여뻐하게 하고, 중은 사람을 담박하게 하고, 꽃은 사람을 운치롭게 한다.

— 〈한와헌제화잡존漢瓦軒題畫雜存〉

    누구나 자신만의 대롱으로 세상을 본다. 그래서 '보는 것'이 편협할 것을 걱정하여 '대롱 관管' 자와 '볼 관觀' 자의 음이 서로 같은지도 모르겠다. 책은 하나의 대롱일 뿐, 굳이 서로의 독서량을 비교하여 우열과 등급을 매길 필요는 없다. 저마다 지닌 솜씨와 안목 그리고 장점을 봐야 하기 때문이다. 어느 하나에 얽매여 바라볼 때 시야는 좁아지고 만다.

    그런데 조희룡의 〈편지 10〉과 〈편지 26〉을 읽어보면 독서가 중요하다는 건지 아닌지 헷갈리게 된다. 무슨 일이든 자신이 직접 깨우쳤을 때 제 것이 되는 법이다. 아무리 훌륭한 책도 나 자신이 이해하지 못한 채 읽는다면 무슨 소용이 있을까? 수박 겉 핥듯 지식이 늘었다 해도 삶에 영양소요, 양념이 되는 지혜는 터득하지 못할 것이다. 그래서 "자기만 한 스승은 없다"라는 말도 생겼을 것이다. 스승은 보통 내가 아닌 남이었는데 내가 나의 스승이라니 이상할 법도 하다. 하지만 잠시 생각해보면 이 말이 틀리지 않았음을 이해할 수 있다. 책이란 많이 읽는 것도 중요하지만, 마음으로 읽는 것 또한 중요하기 때문이다.

    사람들이 싫어하는 일 가운데 하나가 녹후감을 쓰는 일이다. 누군가 정해주는 대로 책을 읽고, 그에 대한 감상을 적는 일이란 생각보다 쉽지 않다. 더구나 책과 친하지 않은 경우라면 더욱 힘들다. 우리에게 필요한 것은 스승도 아니고 책도 아니다. 바로 우리 '스스로' 할 수 있는 힘이다.

■ ■ 조희룡 趙熙龍(1797~1859)

조선 시대 문인화의 세계를 연 대표적 화가이다. 본관은 평양, 자는 치운致雲, 호는 우봉又峰 혹은 호산壺山이다. 문인화란 직업으로 그린 그림이 아니라 글공부를 하던 사대부나 시인 등이 그렸던 그림이다. 조희룡이 살았던 시대는 세도정치가 시작되었던 시기이다. 이러한 때에 조희룡은 문인화를 통해 타락한 영혼을 맑게 씻을 수 있다고 생각했다. 당시는 중국의 남종 문인화가 조선에 소개되기 시작한 때였고 많은 선비들이 중국의 문인화를 공부했다. 그러나 조희룡은 중국 문인화를 공부하는 데 그치지 않고 조선인의 감각을 중요시한 독창적인 조선 문인화의 세계를 개척했다. 그는 "남의 수레를 뒤따르지 않겠다"라는 유명한 말을 남기기도 했다. 또 김정희의 제자로서 추사체를 잘 쓰고 매화 그림을 잘 그렸다. 저서로 《호산외사壺山外史》《석우망년록石友忘年錄》, 그림으로 〈매화서옥도梅花書屋圖〉 등을 남겼다.

■ ■ 《우봉척독又峰尺牘》

조희룡의 편지를 모은 책이다. '척독'이란 짧막한 편지글을 말한다. 순간적으로 상황에 충실한 감정과 생각을 담고 있어서, 당시 지식인들의 생활상을 재현할 수 있는 생생한 자료이다. 조희룡의 글은 현재 실시학사 고전문학연구회가 《조희룡전집》이라는 이름으로 한데 모아 번역해놓았다. 앞글은 《우봉척독》 가운데에서 뽑았다.

요사스러운 말

이종휘, 《수산집》

명종 13년 2월 경서주현京西州縣에서 경성¹에 이르기까지 와언訛言²이 돌기를, 나라에서 흰 개를 기르는 것을 금하여 명령에 따르지 않는 자는 벨 것이라고 했다. 이에 흰 개를 기르는 사람들은 모두 이를 죽이거나 혹은 강물에 던졌으며, 죽이고 싶지 않은 사람은 털에 검은 물을 들이므로 특별히 조서를 내려 이것을 금지하도록 하자 이내 그쳤다. 8월 계사 초하루에 성 안이 크게 놀라 떠드는 소리가 도성 근교까지 진동했다.

같은 왕 15년에 요언妖言³이 돌기를, 강남의 부녀로서 미모가 요염하고 남편이 없는 사람은 모두 죽인다고 하니 양가의 여자들이 이 소문을 듣고 "우리는 죽음을 당할 것인데 무엇이 아까울 것인가?"라며 거리에서 음란한 일을 자행하였다. 왕이 이러한 진상을 듣고 유사有司⁴에게 명하여 불사를 베

1_경성(京城): 개성을 가리킨다.
2_와언(訛言): 잘못 전해진 말.
3_요언(妖言): 인심을 혼란하게 만드는 요사스러운 말.
4_유사(有司): 일을 맡은 담당자.

풀어서 없애도록 하였다.

고종 10년 3월 경성에 요언이 돌기를, 이번 달 초 8일에 사람이 문밖을 나가면 문득 죽을 것이라고 하니, 이날에 시장이 텅 비었다.

충렬왕 16년 민간에 와언이 돌기를, "5, 6월에 사람들이 모두 죽을 것이다"라 하니 사람들이 각각 좋은 옷과 음식을 즐기며 이를 기다리므로 헌사가 이것을 금지시키자 더욱 시끄러웠다.

같은 왕 18년 2월 병진일 인시(寅時)[5]에 와언이 돌기를, "당나라 배가 이미 서강에 들어왔다"라고 하니 성 안이 흉흉하여 떠돌아다니며 행방불명된 자가 많았다.

같은 왕 21년 6월 경진일에 와언이 돌기를, "당나라 사람이 서울 내외에서 사람을 잡아먹는다"라고 하였다.

5_인시(寅時): 새벽 3시에서 5시 사이.

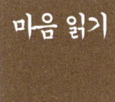 **마음 읽기**

망언을 일삼는
하등인을 벗어나고파

본래 병이란 망령됨妄과 망령되지 않음無妄 사이에서 일어난다. '망령'은 생각과 행실이 상식에 어긋나고 되지도 않는 욕심을 갖는 것을 말한다. 사실 공부를 하는 것은 이런 병이 없도록 하기 위함이다. 나아가 밝은 지혜의 눈과 귀를 얻어 세상의 온갖 교설과 망언을 구별할 줄 알도록 하기 위한 것이다. 그런데 식자우환이라고, 배우면 배울수록 제 혀놀림이 더욱 교묘해지고 남의 말을 두고 옳으니 그르니 하는 행위가 아무렇지도 않게 여겨지는 것은 어찌된 일일까? 말과 글을 업으로 삼는 이의 비애가 아닐는지. 그저 부끄러울 뿐이다.

일찍이 우리나라 역사에 관심이 깊어 고조선에서 고려까지를 다룬 《동사東史》를 엮었던 수산修山 이종휘는 《고려사》 속의 오행지五行志를 요약하면서 말에 관한 일화를 전하고 있다. '오행지'는 오행의 변이를 적고 그 의미를 헤아려 정치에 활용하려는 의도에서 기록된 것이기에 당시 정치적 사건을 알아야 그 변이를 제대로 이해할 수 있다. 앞서 소개한 글은 금金의 조목인데, 금이 본성을 잃어 와언과 요언이 난무하고 있음을 기록한 것이다. 고려 명종은 무신이 쿠데타를 일으켜 옹립한 허수아비 왕이었다. 재앙과 복이 신하로부터 나오고 정치가 무람없이 행해지며 참과 거짓이 무엇인지 알 수 없는 사태 와중에 놓여 있었다. 게다가 본래 금은 가을을 뜻하는데, 추상처럼 엄정해야 할 때에 진실을 호도하는 말들이 난무하니 세상이 뒤집혀도 단단히 뒤집혔다는 것이다.

우연하게도 우리가 맞닥뜨린 상황도 이런 듯하다. 어느덧 무엇이 진실이고 누가 참말을 하는지 모를 정도로 요설이 난무한 지 오래되었다. 그것도 성직자에 버금가는 도덕성이 요구되는 지식인 사이에서 빚어진 국제적 수준의 요설이다. 우리 주위를 맴돌며 떠나지 않는 언화言禍(말의 재앙)가 언제 끝나려는지……. 그래서일까? 수산이 말한 '하등인론下等人論'이 더욱 절실하게 다가온다. 묵은해를 보내며 타산지석 삼아 '하등인'만큼은 벗어나고 싶다는 소박한 바람을 가져본다.

말이 진실하지도 믿을 수도 없다면 하등인이요, 행동이 돈독하거나 공경스럽지 못하면 하등인이며, 잘못을 하고도 후회할 줄을 알지 못하면 하등인이요, 후회하고도 고치는 것을 알지 못하면 하등인이다. 게다가 하등이라는 말을 듣고도 하등의 일을 하는 것은 사면이 모두 벽으로 막힌 방 안에 앉아서 햇빛을 받아 방 안을 밝히고자 하는 것과 같다.
― 〈만필漫筆〉

■ ■ 이종휘 李鍾徽(1731~1797)

조선의 학자로서 본관은 전주, 자는 덕숙德叔, 호는 수산修山이다. 옥과현감과 공주판관을 지냈다. 소론 계열 집안에서 양명학적 기풍을 익혔으며 경학과 사학을 병행하고자 하였던 학문적 입장에서 역사와 산수에 대한 주체적 인식을 중요하게 보았다. 이는 단군에서 조선으로 이르는 민족사관으로 제시되었고, 그 성과로서 《동사東史》《청구수경靑邱水經》등을 지었다. 이들은 신채호에 의해 높게 평가될 정도로 민족주체적 성격을 갖고 있다. 저서로 《수산집》이 있다.

■ ■ 《수산집修山集》

이종휘의 시문집으로 14권 7책이다. 이 중 《동사본기》《동사열전》《동사연표》《동국여지잡기》는 그 역사적 사관과 기술이 특히 주목된다. 〈요사스런 말〉은 《동사본기》의 '고려사' 지志 2에 실려 있다. 이뿐 아니라 〈인심도심도人心道心圖〉와 같이 인성과 도학의 관계를 밝히는 철학적 논의도 수록되어 있다.

옛글에서 다시 찾은
사람의 향기

3

남을 이해하는 일은
또 하나의 세상을 품에 안는 일이다

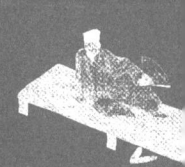

찾아줌에 감사하며

임춘,《서하집》

병이 들어 몸을 일으키지도 못하고 오랫동안 궁벽한 골짝에 베개 베고 누워 있었기에 발자국 소리만 들어도 기뻤습니다. 그런데 갑자기 당신께서 수레를 돌려 찾아주시다니요?

    이 몸은 오직 우환만이 남은 데다 지루할 정도로 숱한 병을 얻어서 벗들과의 왕래도 끊긴 지 오래였습니다. 저의 집 앞과 골목이 얼마나 쓸쓸했는지 모릅니다. 행여 인자하신 당신이 예전의 인연을 잊지 않고 음식을 가지고 찾아와 위로해주시며, 혹여 술이라도 싣고 와서 수작(酬酌)[1]을 하리라고는 꿈엔들 생각조차 한 적이 없었습니다. 당신은 저와 같이 세속 밖에서 함께 노닐며 인간사를 말하지 않으셨고, 안회(顔回)[2]처럼 빈궁한 생활을 즐기면서 비록 밥 한 그릇 물 한 잔으로 근심을 달래지는 못한다 해도 왕적(王績)[3]처럼 술을 거나하게 마셨지요. 그

1_수작(酬酌): 술잔을 서로 주고받음.
2_안회(顔回): 공자의 제자로, 가난한 가운데서도 도를 즐기며 기쁘게 생활한 것으로 이름이 났다.
3_왕적(王績): 당나라 시인. 〈취향기〉를 지었다.

경지는 보통 사람들은 이를 수 없는 것이라고 생각합니다. 이렇게 글로 당신과 마주하니 한없이 기쁩니다. 아, 저는 여위고 썩은 외로운 신세이건만 당신이 후덕하게 돌봐주시니 참만 느꺼울 뿐입니다. 이만 줄입니다.

 사람을 반기는
사람 냄새 나는 겸손에 대하여

아무도 찾아오지 않는 곳에 홀로 머물러본 적이 있다면 발소리의 소중함을 느껴보았을 것이다. 외로움을 느낄 때는 사람들의 말소리나 발소리가 반갑다. 아니 어쩌면 주위에 사람은 많아도 정작 대화를 나눌 친구가 없을 때가 더 외로울지도 모른다.

고려 중기 임춘도 자존심이 꽤나 센 사람이었다. 명문가의 자손으로 남달리 문학적 재주가 뛰어났던 그는 무신정변이라는 살벌한 상황을 만나지 않았더라면 아주 잘나가는 무리에 속했을 것이다. 그런데 오히려 명문가 후손이라는 꼬리표는 그를 아무것도 없는 신세로 떨어뜨렸고, 끝내 남들에게 벼슬을 구걸하도록 만들었다. 그의 글에서는 간혹 비굴함마저 느껴질 정도였다. 그래서 사람들은 그를 그렇게 만든 정치적 현실을 부조리하다며 비판하기도 한다. 그런데 그렇게 비판만 하고 말면, 살아 있는 임춘이 보이지 않는다.

앞글에 보듯이 외진 곳의 병들고 고독한 이, 이것이 임춘의 모습이었다. 이런 처지이기에 찾아주는 사람이 마냥 반가

왔으리라. 하지만 궁벽진 곳까지 찾아준 사람에 대한 고마움은 당연한 것이 아니던가? 문제는 그 고마운 마음의 결이다. 의례적인 인사치레인가, 진심에서 우러나온 겸손의 마음인가? 여기서 나는 '때'와 '사람'의 만남을 생각해본다.

묘하게도, 사람이 어떤 세상을 만난다는 것은 다 이유가 있다. 아무리 부정하더라도 참으로 절묘하다. 우리는 늘 내가 왜 이런 때를 만났는지 모르겠다는 불평을 내뱉곤 한다. 일이 잘 풀리지 않을 때 나오는 불만이다. 그러나 일이 잘 풀릴 때에, 참으로 나는 때를 잘 만났다는 말을 한 적이 있었던가? 잠자코 생각해보라. 없으리라. 이는 임춘도 마찬가지였다. 귀족에서 한낱 무지렁이로 전락한 충격적인 현실, 농사지을 땅 하나 없는 비렁뱅이 신세. 기껏 가지고 있는 능력은 글재주. 허나 세상이 거세게 몰아칠 때면 그런 점잖은 재주는 아무짝에도 쓸모없다.

외롭고 고독한 임춘, 임춘이 만난 부조리한 상황. 이 둘은 과연 어떤 의미의 만남이었을까? 이를 곰곰이 생각하다 문득 그런 부조리한 현실 덕분에 임춘이 갖고 있던 귀족적 특권의식이 허물어지고, 남들과 어울리는 방법을 터득한 것은 아닐까 하는 의문이 들었다.

본래 삶이란 사람을 하나의 사람으로 만들어내는 것일 터, 그에게 부족한 '어울림'과 '낮춤'을 배우라는 하늘의 뜻은 아니었을는지. 그래서인지 임춘이 자신을 찾아준 이에게 써 준 편지는 남달리 사람 냄새가 풍긴다. 행간 사이로 사람을 반기는 겸손이 배어 나온다.

사실 세상은 '뒷방 늙은이'보다는 좀 더 '반짝반짝 빛나는 이'를 찾아가 은근히 그의 빛을 나눠 가지려 한다. 낮은 처지로, 보이지 않는 곳으로, 소외된 이에게로, 존재를 내세우지 않는 사람에게 찾아가는 사람과 그를 진심으로 반겨줄 줄 아는 마음이 소중한 이유가 여기에 있다. 지금이라도 우리 주변에서 의식하든 그렇지 않든 항상 내 곁을 지켜주는 소중한 사람들의 마음을 한번 헤아려보는 건 어떨까.

■ ■ 임춘林椿(생몰년 미상)

고려 중기의 문인으로 예천 임씨의 시조이다. 임춘은 고려 건국공신의 후예로 귀족사회에 문학적 명성으로 기반이 닦여 있었던 터라 젊은 시절 이미 상당한 명성을 얻었다. 그러다 그의 나이 20세 전후에 무신의 난을 만나 가문 전체가 화를 입게 되어 끝내 벼슬길에 오르지는 못했지만 남달리 불우했던 생애를 군자의 도로 지켜가고자 했다. 이인로, 오세재 등과 더불어 죽림고회竹林高會에 나가 술을 벗하며 문학을 논하였으며, 당시 문단을 대표하는 문인 중의 한 사람으로 꼽힌다. 가전문학(사람이 아닌 사물을 의인화하여 쓴 문학작품)의 선구적 작품인 〈국순전〉〈공방전〉을 남겼다. 문집으로《서하집》이 있다.

■ ■ 《서하집西河集》

임춘의 시문집으로 6권 2책으로 구성되었다. 저자가 죽은 지 20여 년 뒤에 그의 친구였던 이인로가 유고를 수습하여 편집하고 서문을 지었는데, 이인로가 죽은 2년 뒤 1222년(고종 9)에 당시 실권자이던 최우의 힘을 입어 처음 간행되었다.《서하집》은 오늘날까지 전하는 고려 시대의 문집이 수효가 적어

보잘것없는 점을 감안하면 《파한집》《동국이상국집》과 함께 무신정변을 전후한 고려 시대 문단의 상황과 문인들의 의식 세계를 탐색할 수 있는 자료로서 가치가 높다. 〈찾아줌에 감사하며謝人見訪啓〉는 이 책에 수록되어 있다.

강이원에게 주는 편지

정약용, 《여유당전서》

이곳에 온 뒤로 편지 한 장도 받지 못했소. 혹시 호탕하신 성품에 저를 잊으신 것은 아닌지요? 아니면 제가 남쪽에서 살고 있으니, 곤궁은 면했다 하여 안부조차 묻지 않으시는 것인지요? 제 평생소원은 산수에서 생활하면서, 훌륭한 장자長者[1]와 더불어 속세를 떠난 즐거움을 누리는 것이었소. 그런데 남쪽으로 와서 보니, 평소에 바라던 뜻과 맞습디다. 이 모두가 성은이지요. 금정역에 일이 없을 때면, 몇몇 벗들과 함께 이야기하고 웃으며 지내고 있다오.

지난번에 말씀하신 윤기환尹箕煥이란 자의 행위에 대하여 자세히 듣고 실정을 알아보았더니, 참으로 경악할 만하지만 한편으로 불쌍하기도 하더군요. 대략 들으니, 그가 그날 크게 취한 상태에서 상대에게 모욕을 받자, 분이 나서 갈수록 격렬

1_장자(長者): 덕망이 뛰어나고 경험이 많아 세상일에 익숙한 어른.

해져 드디어 하늘도 두려워하지 않고 주먹을 휘두르며 크게 소리를 질러 그렇게 발언을 했던 것이랍니다. 저는 취한 자와 분이 난 자의 모습을 잘 알고 있습니다. 대개 취한 자와 분이 난 자는 바야흐로 술기운이 거나하게 오르고 노기가 불길처럼 치솟을 적에는 누가 건드리기만 하면 난동과 파괴를 일삼지요. 제 몸 하나 스스로 주체하지 못하여 마음은 혼미하고 몸은 멋대로인지라 다른 사람의 말에 대하여 그 잘잘못을 미처 헤아려보지도 못하고 오직 한결로 반대만을 주장하기 때문에, 남이 희다 하면 나는 검다 하고, 남이 동이라 하면 나는 서라 하여, 오직 남의 기세 꺾기만을 힘씁니다. 정녕 두 마리의 나비가 더 높이 날기를 다투다가 바람에 휘날리어 허공에 휩쓸려 가는 것과 같습니다. 이것이 취한 자와 분이 난 자의 모습이지요.

　기환이 한 친구와 다툴 적에 다행히 친구가 유리한 고지를 선점했고, 불행히 기환이 그렇지 못했기에, 오직 친구의 말을 반대하기만을 힘썼습니다. 무엇이 옳은지 그른지, 뒷날 탈이 날지 아닐지에 대해서는 생각지도 않고 갈수록 더욱 격렬해지고 사나워져서 분이 너무 올라 태산이 앞에 있어도 보이지 않는 판국이었지요. 이때에 친구가 친하게 여기고 존경하는 분들을 기환이 적대시하고 천하게 여겼는데, 마치 성난 범과 곤경에 빠진 곰이 나무를 만나면 나무를 물어뜯고 돌을 만나면 돌을 깨물며, 귀에 들리고 혀에 닿는 것마다 닥치는 대로 마구 화를 내고 으르렁거려 전혀 두려워하는 바가 없는 듯했답디다.

마침 그때 불행하게도 당한 분들이 명망 있는 분들이었지요. 가령 이때 안회나 맹자, 이윤[2]이나 여상[3]을 만났더라도 치고 욕하고 했을 것이니, 이때의 형세는 참으로 상상할 만하지 않은가요? 천자가 불러도 배에 오르지 않고 공자와 도척[4]을 하찮은 것으로 여겼을 것인데, 어찌 구구한 여론이 그를 두렵게 할 수 있었겠습니까?

저도 서울에 있을 적에 그 사건의 대략을 듣고, 곧 "별 미친 녀석을 다 보겠네"라고 했었는데, 이곳에 온 뒤 고을에서 그의 행동을 차근차근 살펴보니, 아는 것이 많아 좋은 선비로 칭송받으며, 태산처럼 존경을 받고, 의리를 따지는 데에 아주 엄격하여 항상 남의 모범이 되었습니다. 그래서 그를 두고 불평하는 자가 아무도 없으며, 이 고장 사람들은 그를 가련하게 여기고 애석하게 여겨 한결같이 두둔하고 있습니다. 만일 한때의 술주정을 유일한 근거로 삼아 그의 평생을 단정한다면

2_이윤(伊尹): 중국 은나라의 전설상의 인물. 이름난 재상으로 탕왕을 도와 하나라의 걸왕을 멸망시키고 선정을 베풀었다고 한다.
3_여상(呂尙): 주나라 초기의 정치가이자 공신으로, 속칭 '강태공'으로 알려져 있다. 무왕을 도와 은나라 주왕을 멸망시켜 천하를 평정했으며 제나라에 봉해져 그 시조가 되었다.
4_도척(盜跖): 중국 춘추시대의 큰 도적. 몹시 악한 사람을 비유적으로 이르는 말로 쓰인다.

공평무사한 도에 어긋나지 않을는지요.

　기환이 마지못해 과거를 치렀지만, 고향으로 돌아온 뒤에는 두문불출하며 세상과 교제를 끊고 수양하고 있으므로, 저도 아직 직접 보지는 못했습니다. 그러나 그의 사정을 알고 보니 억울한 점이 없지 않으므로 그를 위해 그의 마음을 사람들에게 알려주고자 합니다. 그러나 저에 대한 비방도 세상에 가득하여, 제 몸조차 운신하기 어려운 터에 도리어 남을 위해 사람들에게 입을 연다면 분명 그에게 누만 끼치게 될 것이니, 형께서는 안목이 넓으시니 생각을 돌려 차근차근 구명해주세요. 만약 마음으로 이해하신다면, 친지들에게 알려줘 다시는 기환에 대해 이러니저러니 하지 않도록 해주시고요.

　기환은 일찍 부모를 여의고 형제도 없으며, 칠순 노인인 조부만 있을 뿐이니, 간신히 명맥만 유지하고 있는 집안입니다. 꽃다운 나이에 벼슬에 올라 쇠한 가문을 떨쳐 일으키려 했다가 불행하게도 한잔 술이 그르쳐 지인들의 버림을 받는다면 어찌 불쌍하지 않겠습니까? 형께서도 술을 좋아하시고 경쟁심도 강하시며 또 이상한 말씀도 잘 하시니, 후일에 혹시라도 불행히 이런 과실을 저지르시면 분명 기환을 떠올릴 것이리라 생각합니다.

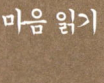 ## 남을 이해하는 일은
또 하나의 세상을 품에 안는 일이다

 단 한 번의 실수로 세상 사람들의 따돌림을 받는다면 그보다 더 허망한 일이 또 있을까. 게다가 본래 바른 사람이었다면 얼마나 안타까울까. 공평무사하다는 다산 정약용도 그런 경험을 했다니 정말 놀라운 일이다.

 금정에 사는 윤기환이라는 사람이 크게 취한 상태에서 남에게 모욕을 받자 분을 못 이긴 나머지 주먹을 휘두르고 고함을 쳤다. 형세가 더욱 몰리자 상대방과 친한 사람들이나 스승까지 격렬하게 욕을 해대며 눈앞에 아무것도 없는 듯 마구 행동하는 것이 마치 성난 범이나 곤경에 빠진 곰 같았다. 나무를 만나면 나무를 물어뜯고 돌을 만나면 돌을 깨물며, 귀에 들리고 혀에 닿는 것마다 닥치는 대로 마구 화를 내고 으르렁거렸다. 다산은 이 사건의 대강을 듣고 곧바로 "별 미친 녀석을 다 보겠네"라고 내뱉었다. 그런데 그가 직접 금정으로 와서 보니 듣던 내용과는 전혀 달랐다.

 실제로 그는 아는 것이 많고 생각도 반듯했으며 마음씨도 후덕하여 아름다운 사람으로 칭송이 자자했다. 흡사 평지에 솟아 있는 산봉우리같이 존경을 받았고, 의리나 규칙이 엄정하여 항상 남의 모범이었다. 그래서 이 고장 사람들은 그를 가련하고 애석하게 여겨 한결같이 두둔하고 있었던 것이다. 다산은 혼란스러웠다. 전에 들었던 것과 달라도 이렇게 다를 줄이야! 그제야 다산은 그가 왜 그렇게 행동했을까 생각하고, 술 취해 성난 사람의 보통 모습을 떠올렸다. 그러자 모든 상황이 눈에 들어왔다. 그리고 그의 처지를 생각하니 슬퍼졌다. 그는 부모를 여의고 형제도 없이 칠순의 조부만 모시고 간신히 명맥을 유지하는 집안의 사람이었다. 꽃다운 나이에 벼슬에 올라 시들어가는 가문을 일으키려다 불행히도 한잔 술에 그르쳐 지인들과 세상 사람에게 버림받을 처지에 내몰린 것이다.

누구에게나 허물은 있다. 제 허물을 감추려 남의 허물을 부풀리기도 하고, 제 허물 탓에 남의 허물을 눈감아주기도 한다. 그러나 분명한 것은 나이가 들수록 남의 허물은 물론 그 사람 자체를 이해하는 폭이 좁아지고 각박해진다는 것이다. 왜 그럴까? 그만큼 자기의 생각을 고집하는 경향이 강해지기 때문이다. 그래서인지 사람 그 자체를 보려 했던 다산의 혜안이 그립기만 하다.

■ ■ 정약용丁若鏞(1762~1836)

조선 후기의 실학자로 본관은 나주, 자는 미용美鏞, 호는 다산茶山, 여유당與猶堂이다. 남인 가문 출신으로 정조 시대에 문신으로 벼슬살이를 했으나, 청년기에 접했던 서학으로 인해 오랜 기간 유배생활을 했다. 그는 이 유배 기간 동안 자신의 학문을 더욱 연마해 육경사서六經四書에 대한 연구를 비롯해 일표이서一表二書(《경세유표》《목민심서》《흠흠신서》를 가리키는 말) 등 모두 5백여 권에 이르는 방대한 저술을 남겼고, 조선 후기 실학사상을 집대성한 인물로 평가되고 있다.

■ ■ 《여유당전서與猶堂全書》

정약용의 저술을 총정리한 문집으로 154권 76책이며 타의 추종을 불허할 만큼 방대한 규모를 자랑한다. 간혹 잘못된 표기와 탈자가 있다고는 하나 그 내용의 근간을 이루고 있는 육경사서와 일표이서는 후학들에게 큰 영향을 미쳤다. 《경세유표》는 나라를 경영하는 제도에 대하여, 《목민심서》는 백성을 다스리는 관리의 태도에 대하여, 《흠흠신서》는 형벌제도에 대한 사례와 원칙에 대하여 저술한 책이다. 〈강이원에게 보내는 편지與姜仁伯履元〉는 이 책의 시문편에 수록되어 있다.

벗에 대한 성찰

이덕무, 《청장관전서》

1.
만약 나를 알아주는 한 사람의 벗을 얻는다면 나는 망설임 없이 10년 동안 뽕나무를 심고 1년 동안 누에를 길러 손수 오색실을 물들일 것이다. 열흘에 한 가지 빛깔을 물들인다면 50일이면 다섯 가지 빛깔을 물들일 수 있을 것이다. 이것을 따뜻한 봄볕에 내놓고 말려서 여린 아내에게 부탁해 백 번 달군 금침으로 내 벗의 얼굴을 수놓게 하리라. 그런 다음 고운 비단으로 장식하고 예스러운 옥으로 막대를 만들 것이다. 이것을 가지고 뾰족뾰족하고 험준한 높은 산과 세차게 흐르는 물이 있는 곳, 그 사이에 펼쳐놓고 말없이 서로 바라보다 뉘엿뉘엿 해가 저물 때면 품에 안고 돌아오리라.

2.

간절히 원하지만 다정한 벗을 오래 머물게 할 수 없는 마음은 꽃가루를 묻힌 나비를 맞는 꽃과 같다. 나비가 오면 너무 늦게 온 듯 여기지만 잠시 머무르면 소홀히 대하고, 그러나 날아가버리면 다시 나비를 그리워하기 때문이다.

3.

마음에 맞는 시절에 마음에 맞는 벗과 만나 마음에 맞는 말을 나누며 마음에 맞는 시문을 나누는 것, 이것이야말로 더할 나위 없는 즐거움이다. 그러나 어째서 그런 지극한 즐거움은 드문 것인가? 이러한 즐거움은 일생에 단지 몇 번 찾아올 뿐이다.

4.

눈 오는 새벽이나 비 내리는 밤에 다정한 벗이 오지 않으면 누구와 마주 앉아 이야기할 것인가. 시험 삼아 내 입으로 글을 읽으면 듣는 것은 나의 귀요, 나의 손으로 글씨를 쓰면 구경하는 것은 나의 눈이다. 내가 나를 벗으로 삼았으니 이제 다시 무엇을 원망하랴.

5.
모름지기 벗이 없다고 한탄하지 말라. 책과 함께 노닐면 될 것이다. 책이 없다면 구름과 노을이 내 벗이요, 구름과 노을이 없다면 하늘을 나는 갈매기에 내 마음을 맡기면 된다. 갈매기마저 없다면 남쪽 마을의 회화나무를 바라보며 친해지면 될 것이요, 원추리 잎 사이에 앉아 있는 귀뚜라미도 구경하며 좋아할 만하다. 내가 아끼더라도 시기하거나 의심하지 않는 것들이 있다면, 이 모두가 나의 좋은 벗이 될 수 있다.

6.
끼니마다 밥을 먹고, 밤마다 잠을 자며, 껄껄대며 웃고, 땔나무를 해다 팔고, 보리밭을 매느라 얼굴빛은 새까맣게 그을렸을지라도 천기天機[1]가 천박하지 않은 자라면, 나는 장차 그와 사귈 것이다.

7.
나보다 나은 사람은 존경하고 사모하며, 나와 같은 사람은 서로 아껴주고 격려해주며, 나만 못한 사람은 불쌍히 여겨 가르쳐준다면, 이 세상은 당연히 태평해질 것이다.

1_ 천기(天機): 선천적으로 타고난 성질.

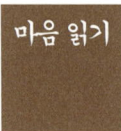 마음 읽기 벗이 있어 행복한 삶,
그 벗을 위한 살뜰한 마음

오래된 벗으로부터 전화가 왔다. 벗은 나직한 목소리로 잘 지내느냐고 물었다. 서로 시시한 이야기를 잠시 주고받던 우리는 아무렇지도 않게 그냥 전화를 끊었다. 그런데 이상했다. 벗의 목소리는 아쉬움이 담긴 젖은 목소리였기 때문이다. 아마도 내가 바쁜 듯 보여서 급히 전화를 끊은 것 같았다. 내내 마음이 안 좋았던 나는 그에게 다시 전화를 걸었다. 친구는 내 전화에 반가워하면서도 미안해하더니, 나를 찾아오겠다고 했다. 나도 미안한 마음에 어서 오라고 했다. 그 말에 벗은 너무도 좋아했다. 전화를 내려놓는 순간, 이덕무가 자기의 벗에 대하여 품었던 정성 어린 마음이 머리를 스쳐 갔다.

벗에 대한 마음을 이렇게 예쁘게 표현한 글을 본 적이 없다. 벗의 얼굴을 수놓을 실을 잣기 위해 뽕나무를 기르고 누에를 치며, 실을 뽑아 오색으로 물들이기까지 오랜 시간 묵히는 정성은 말할 것도 없고, 그 천에 자신의 아내에게 부탁해 얼굴을 수놓게 할 정도로 벗을 아끼는 마음도 정겨우며, 맑은 청산 계곡에서 벗의 얼굴을 말없이 마주하다 품에 안고 돌아온다는 데에서는 눈물이 쏟아질 정도로 마음 한 자락이 뜨거워진다. 얼마나 벗이 좋기에 이덕무는 저리 말했을까? 물론 마음에 맞는 벗이라는 전제를 달았지만, 사실 벗이란 이미 마음을 허락한 사이가 아니던가. 다정한 벗이 찾아오면 으레 그런가 보다 하며 심드렁하게 맞고, 떠나가 모습이 보이지 않으면 그제야 허전한 마음에 그를 찾게 된다. 특히 속마음을 나누었던 벗일수록 그러하다. 이것은 영락없는 사랑의 감정이다. 과연 사랑과 우정의 사이에는 얼마나 '공백'이 있을까?

그날 오후 벗과 나는 배내골을 다녀왔다. 계곡을 따라 푸른 산길을 함께 지나가는 동안 벗은 자신이 지금 무엇을 하고 어떻게 살고 있는지 털어놓았다. 그동안 속 깊이 차곡차곡 넣어두었던 고통과 아픔까지도 이야기했다. 듣고 있던 나로서는 참으로 미안했다. 제 생각대로 해석하고 제 욕심만 채우려 했던 것이 부끄러웠기 때문이다. 그는 내 마음을 아는 듯 모르는 듯 창밖을 쳐다보았다. 슬쩍 곁눈질해 보니, 머리를 쓸어 올린 벗의 눈에 눈물이 고여 있었다. 문득 참으로 무심하기 짝이 없는 나 같은 친구를 둔 그가 가엾어졌다.

아, 벗이여, 언제든 보고 싶고 말하고 싶을 땐 오시게나. 언제든 내 마음을 열어두겠소.

■ ■ 이덕무 李德懋(1741~1793)

조선 후기의 실학자로서, 본관은 전주, 자는 무관懋官, 호는 아정雅亭, 청장관青莊館이다. 서자로 태어난 데다 병약하고 집안이 가난해 정규 교육을 거의 받지 못했으나, 총명하여 스스로 문장의 이치를 터득했다. 20대에 박제가, 유득공, 이서구와 함께《건연집巾衍集》이라는 시집을 내어 문명을 중국에까지 떨치기도 했다. 항상 소매 속에 책과 필묵을 넣어 다녔고, 시문에 능해 규장각 경시대회에서 여러 번 장원을 차지했다. 북학파 실학자들과 교유하면서 영향을 받았고, 규장각에서 활동하면서 서적을 정리·교감했으며 고증학을 바탕으로 한 많은 저서를 남겼다.

■ ■《청장관전서 青莊館全書》

이덕무가 쓴 책을 모두 모아놓은 것을 말한다. 아들이 편집하고 이완수가 교정한 것으로, 모두 33책 71권이었으나 현재는 결본을 포함한 사본이 두 군데에 소장되어 있다. 저자의 다채로운 학식을 엿볼 수 있는 이 책은 많은 자료를 담고 있는데, 특히 당대 실학 중심의 학풍 가운데도 박학·계몽적인 사조가 있음을 보여준다.

북경으로 떠나는
이성징을 전송하면서

유몽인,《어우집》

 성징聖徵[1]이여, 성인이 벗의 의리를 오륜 안에 나란히 놓았으니, 그 뜻이 생각건대 크지 않은가? 사람에게 가장 소중한 것은 사생死生일 터인데, 경우에 따라서는 벗을 위해 자신의 목숨을 바치기도 하니 그 나머지에 있어서는 말할 것도 없지! 요즘 세상에서 이 의리를 소중하게 여기는지 잘 모르겠네만, 어찌 그리도 벗 사이에 갈래가 많은지?

 조정에서 여론이 나뉜 뒤로부터 벗의 의리를 평생토록 보전할 수 있게 되었던가? 벗 사귀는 도리는 하나인데 어찌하여 둘로 나뉘었는가? 둘도 오히려 불행하거늘 어찌하여 넷이 되고 다섯이 되었는가? 하나인 도리가 넷, 다섯으로 나뉘고, 끼리끼리만 가까이 지내며 사당私黨을 만드니, 혹여 사람 자체를 저버림이 없을 수 있겠는가? 어느 한 편에 들어간 사

---

1 성징(聖徵): 이정귀(李廷龜)의 자(字). 이정귀는 호가 월사(月沙)로서, 조선 중기의 대표적인 문장가 가운데 한 사람이다. 저서에 《월사집》이 있다.

람은 각기 하나의 세력이 되어 나머지 네댓 편과 맞서게 되니, 누군가는 외롭지 않겠는가?

한 편의 세력이 강성하면 한 편의 세력은 약하게 마련이네. 어느 한 편만을 따라 나아가고 물러나면서 자신을 절의가 있다고 하는데, 그 절의가 어느 편에도 들지 않은 사람에게 해당될 수 있는가? 없는 듯하네.

누런 것은 절로 누렇고, 푸른 것은 절로 푸른 법, 그 누렇고 푸른 것은 아마도 본래 그런 것이 아니겠는가? 허나 갑에게 물으면 갑이 옳고 을은 그르다고 하고, 을에게 물으면 을이 옳고 갑은 그르다고 한다. 그렇다면 그 둘 다 옳은 것인가, 아니면 둘 다 그른 것인가? 혹시 갑과 을이 서로 옳다 할 수는 없는 것인가?

나는 홀로 오간다. 지금의 지식인士들을 보건대, 나처럼 홀로 오가는 사람이 있는가? 없네. 홀로 세상을 살아갈 것이지, 어이해 벗을 사귀면서 한 편에만 붙는가? 한 편에 들러붙지 않으니 나머지 넷, 다섯이 모두 나의 벗이 되더군. 자, 나와 함께하는 사람이 참으로 많지 않은가! 얼음이 꽁꽁 얼도록 추워도 떨리지 않고, 땅을 불태울 정도로 더워도 타지 않으며, 옳은 것도 없고 옳지 않은 것도 없네. 오직 내 마음이 하라는 대로 따를 뿐이요, 그곳만이 의지할 곳이지. 바로 나 한 사람에게 모든 것이 달려 있으니, 그 모습이 정말 느긋하지 않은가!

자네는 젊은 시절부터 사귄 벗일세. 성균관에서 배울 적에 처음 친해졌고, 조정에 들어와 더욱 돈독해졌으며, 중신의 반열에 올라 더더욱 친밀해졌지. 아마도 나와 마음이 같아서가 아니겠는가? 인심은 날로 경박해지고 세도는 끝없이 뒤바뀌어 평지에 풍파가 한번 일게 되면 형제간에도 처음과 끝이 달라지네. 그런데 자네와는 서로 아끼기를 머리가 희도록 처음과 같이 했으니, 아마도 자네가 어느 한 편만을 가까이하지도 않으며, 사람 자체를 저버리지 않을 것임을 사랑해서가 아니겠는가?

그렇다 해도 더러 마음속에 품은 바가 똑같아도 성질이 다를 수 있고, 이목구비가 같아도 하는 일은 다를 수 있네. 그런데 내가 즐기는 음식을 저 진나라[2] 사람도 좋아할 수 있고, 하얀 깃털과 하얀 눈은 '흰 빛깔'을 함께하기도 하네. 다른 것을 억지로 우겨서 같다고 한다면 필경 같지 않게 될 것이요, 그 같은 바에 따라 같고자 한다면 저절로 같아지지 않겠는가? 만일 그 같은 바를 함께 여기면 목숨이라도 바칠 수 있으

2_진(秦)나라: 중국 서쪽에 있던 나라로, 조선과 거리가 먼 지역을 비유하여 쓴 말.

리니, 부자형제간의 의리에도 견줄 수 있지 않겠는가? 혹 그렇지 않고 어느 한 편만을 가까이하여 사람 자체를 뒤로 여긴다면, 나는 장차 혼자 행동하여 널리 사귀는 삶을 살 것이네.

자네가 연경[3]을 가는데 내가 딱히 전별(餞別)[4]할 만한 것이 없네. 이것으로 대신하고자 하는데, 괜찮겠는가?

3_연경(燕京): 중국 청나라의 수도로, 북경을 가리킨다.
4_전별(餞別): 잔치를 베풀어 작별함.

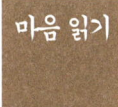 ## 어느 한 편을 버리면
모두가 벗이 되는 법

'독獨' 자는 다양한 의미를 갖고 있다. 아무도 나와 함께하지 않는 외로움, 외따로 떨어진 신세가 안타까운 서글픔, 결국 나 홀로 세상을 살아야 한다는 단호함……. 어떻게 바라보느냐에 따라 다르게 다가올 수 있다. 우리는 이 가운데 어떤 '독'을 갖고 있을까? 일찍이 조선의 문인 유몽인은 자신의 벗 이정귀에게 준 글에서 홀로 오가는 삶을 두고 "한 편에 들러붙지 않으니 세상 사람 모두가 나의 벗이다"라고 말했다.

유몽인이 살던 조선 시대에는 사대부들은 당파에 따라 흩어졌다 모이기를 계속했다. 동인과 서인으로 갈라지고 동인이 다시 남인과 북인으로 갈라지더니, 북인조차 대북과 소북으로 갈라졌다. 유몽인은 북인이고, 이정귀는 서인이었다. 이들은 당파가 서로 달랐지만 청년 시절부터 사귀었고 나라를 위해 함께 한뜻으로 일했던 부부 같은 사이였다.

그런데 어느 순간 당파적 성향이 짙어지자 같은 핏줄의 형제가 갈라서기도 하고 남편의 가문이 당파의 원수였던 것을 몰랐던 여인은 스스로 목숨을 끊기도 했다. 점점 심해지던 당파적 성향은 이렇게 사람의 마음까지 무너뜨렸던 것이다. 당파가 다른 나의 벗이 멀리 떠나려 할 때 어떻게 친구를 보내야 할까? 혹시 글로 친구에게 내 마음을 전한다면 내가 속한 당파 사람들이 나를 의심하지는 않을까? 그러면 외톨이가 되리라는 것은 불 보듯 훤하리라. 오히려 벗을 모른 체하고 한 편(당파)에 들러붙으면 개인적 안전은 물론 사회적 출세까지 이룰 수 있을 것이다. 자기 수양을 거쳐 세상 경영에 뛰어들고픈 선비로서는 쉽게 뿌리칠 수 없는 유혹이다.

그러나 유몽인은 '한 편'을 포기했다. 당파의 경계를 넘어서자 '여럿'이 벗으로 찾아왔다. 나아가 세상의 추위와 더위에도 끄떡없는 '나'를 발견했다. 이제 '나'는 나의 생각과 말과 행위의 주인이 된 것이다. 그제야 그는 깨달았다. '한 편의 나'를 버리면 '나의 여럿'을 얻게 된다는 것을! 편집偏執은 자유를 구속하고 생명을 갉아먹는 악이라는 사실을! 그는 독왕독래獨往獨來, 즉 홀로 가고 홀로 오는 사이에 어느덧 세상을 넘어선 느긋한 '나'가 되어 있었다.

■ ■ 유몽인柳夢寅(1559~1623)

82쪽 참조.

■ ■ 《어우집於于集》

유몽인의 시문집으로, 12권 6책으로 구성된 목활자본이다. 애초에 80여 책이던 유집이 그의 죽음과 함께 자취가 없어져 가다가 신원이 된 뒤에 자손들이 유고를 수집하여 1832년(순조 32)에 간행했다.《어우집》에 실린 글들은 한문학사상 중요한 비중을 차지하는 것으로, 시뿐만 아니라 산문에 있어서도 예술성을 추구하여 매 편마다 새로운 착상으로 풍부한 우화를 곁들여 전개하고 있다. 〈북경으로 떠나는 이성징을 전송하면서贈李聖徵令公赴京序〉는 이 책에 실려 있다.

대인 외

이지함, 《토정유고》

대인

아무것도 몰라서 신령하지 않은 것은 아주 어리석은 사람이 그러하고, 다투지 않아서 강하지 못한 것은 나약한 자가 그러하며, 욕심내지 않아서 부유하지 않은 것은 가난한 자가 그러하고, 벼슬하지 않아서 귀하지 못한 것은 미천한 자가 그러하다. 그런데 아무것도 몰라도 신령할 수 있고, 다투지 않아도 강할 수 있으며, 욕심내지 않아도 부유할 수 있고, 벼슬하지 않아도 귀할 수 있는 것은 오직 대인[1]이라야 가능하다.

1_대인(大人): 성인(成人)을 말함. 성스러운 존재인 '성인(聖人)'과 달리, 자신의 본성을 고스란히 지켜내는 사람을 이르는 말.

지음을 피하라

선비는 지음(知音)[2]을 통하여 벼슬하게 되지만, 말세의 지음은 재앙을 옮길 뿐이다. 어째서인가? 재물은 본래 흉물은 아니지만, 나라의 재앙은 대부분 재물에서 비롯한다. 권세가 흉물은 아니지만 대부(大夫)[3]의 재앙은 대부분 권세에서 비롯한다. 보물은 본래 흉물은 아니지만 필부(匹夫)[4]의 재앙은 대부분 보물을 간직한 데서 시작한다. 세상사가 이렇듯이 어진 선비의 재앙은 대부분 지음에서 비롯한다. (…) 나는 지음을 만나 재앙을 겪지 않았던 경우는 거의 없었고, 곤욕을 치르지 않았던 경우도 들어본 적이 없다. 그래서 어진 선비는 자신에게 지음이기를 자처하거나 되기를 원하는 사람을 한사코 피하는 것이다. 아, 서로 만나 아무런 재앙이 없기론 오직 들판 사이에 있는 지음이요, 산수 사이에 있는 지음이리라!

---

2 지음(知音): 소리를 알아듣는다는 뜻으로 자기의 속마음을 알아주는 친구를 이르는 말.
3 대부(大夫): 벼슬아치를 부르는 말. 옛날 공부하던 사람이 벼슬하지 않으면 '사(士)', 벼슬하면 '대부'라고 불렸다.
4 필부(匹夫): 평범한 보통 사람.

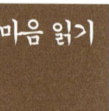 진정한 벗으로 서는 길,
상처 주지 않고 온전하게 살려주기

어른이든 청소년이든 조금씩 나이를 먹는다는 것은 이전보다 많은 인간관계 속에 자신을 던져 넣는 일이다. 그래서 원하든 원하지 않든 여기저기 바쁘게 돌아다녀야 하고 곁에 있는 소중한 사람들을 잘 챙길 수 없게 되는 경우가 많다. 그러다 누군가로부터 서운하다는 말을 듣게 되면 그제야 미안한 마음을 갖는다. 이럴 때마다 이지함이 말한 '말세의 지음'을 떠올리곤 한다.

본래 지음知音이란 춘추전국 시대의 거문고 명인 백아伯牙가 거문고 연주하는 소리를 듣고 그의 친구 종자기鍾子期가 그 속마음을 알아보았다는 고사에서 기인한 말이다. 현상을 보고 그 이면에 놓인 본질을 알았다는 것으로, 벗에 대한 최고의 찬사이다. 그런데 그런 지음을 피하라니! 도대체 무슨 말일까?

재물, 권세, 보물, 사람은 세상 사람 누구나 지니고 싶어 하는 길물吉物이다. 하지만 어려운 상황에 처하게 되면 길물은 오히려 사람의 욕망을 부추기고 끝내 사람들을 재앙의 불

구덩이에 빠뜨린다. 특히 지음을 자처하는 이들은 사람들에게 능력 있고 재주 있다 말하며 꼬드기고는 제 몸마저 훼손하도록 유혹하기도 한다. 지음이야말로 '내 마음'을 잘 알고 '내 사정'을 훤하게 꿰고 있기 때문이다.

관포지교管鮑之交라는 말이 있을 만큼 유명한 관중과 포숙의 고사도 생각난다. 전쟁에 나가 도망하고, 장사를 하면서 제 몫을 더 챙기는 관중을 이해하는 포숙을 두고 사람들이 힐난하자, 포숙은 관중에게 나이 든 모친이 있고 가난한 살림이라며 두둔하였다. 관중의 마음과 처지를 잘 알고 있던 포숙은 그의 행위를 이해해주었을 뿐만 아니라, 오히려 남들의 비난으로부터 그를 보호해주었고 나아가 자신보다 더 출세하도록 추천하기까지 했다. 남의 상황을 알면서 그에게 선하게 대하는 경우이리라. 그러나 이런 경우가 역사적으로도 드물었기에 이처럼 아름다운 고사로 남았던 것은 아닐까 생각해본다. 그만큼 지음을 얻기도 어렵지만, 그 지음이 나를 보호해주고 성장시켜주기는 더욱 어려운 일인 것이다.

지음을 피하라고 말한 이지함은 역설적으로 '참다운 지음'의 소중함을 말하려고 했다. 지음은 벗에게 상처 주지 않고 벗이 온전하게 생명력을 간직하도록 도와주는 존재라는 것을 말이다. 그런 지음을 가지고 또 누군가의 지음이 되었을 때 이지함이 말한 '대인'도 가능한 것이 아닐까? 그저 쩨쩨하지 않고 '쿨한' 사람을 대인배라고 부르는 것과는 사뭇 품격이 다르다. 우리는 과연 친구들에게 무슨 의미일까. 학교 가기 두렵다는 아이들의 눈망울을 볼 때면 왠지 처연해진다.

■ ■ 이지함李之菡(1517~1578)

조선 중기의 학자이자 기인奇人으로, 본관은 한산, 자는 형백馨伯, 호는 토정土亭이다. 어려서 아버지를 여의고 맏형 밑에서 글을 배우다 서경덕의 문하에 들어갔다. 뒤에 그가 수리, 의학, 복서卜筮(점), 천문, 지리, 음양, 술서術書 등에 달통하게 된 것도 서경덕의 영향이라고 볼 수 있다. 생애의 대부분을 마포 강변의 토담 움막집에서 청빈하게 지냈으며, 그 때문에 '토정'이라는 호가 붙었다. 토정이 의학과 복서에 밝다는 소문이 점차 퍼지자 그를 찾아오는 사람의 수가 많아지고 일 년의 신수를 봐달라는 요구가 많아져 책을 지었는데, 그것이 《토정비결》이다. 저서에 《토정유고》가 있다.

■ ■ 《토정유고土亭遺稿》

이지함의 시문집이다. 2권 1책으로 구성된 목판본으로 1660년(현종 1)에 간행되었다. 〈대인〉은 〈대인설大人說〉에서 뽑았고, 〈지음을 피하라〉는 〈피지음설避知音說〉에서 뽑았다. 이외에도 맹자의 논의를 해석한 〈과욕설寡欲說〉이 이지함의 대표적인 글로 꼽힌다. 이 세 편은 을사사화 이후 지식인계에 대하여 비판한 글들이다. 이외에도 아산현감과 포천현감을 지낼 적에 백성들의 삶을 개선하기 위한 개혁안도 수록되어 있다. '비결秘訣'의 저자라는 신비로운 이미지와 달리, 현실 정치세계에 대한 비판과 대안을 함께 모색했음을 엿볼 수 있는 자료이다.

호귀복과 이창매

김택영, 《숭양기구전》

호귀복胡貴福은 고종 때 사람이다.

  그는 집안이 미천하여 그림 그리는 것으로 생계를 꾸렸는데, 사람됨이 소박하고 선량하여 그림값을 다른 화사畵師[1]보다 저렴하게 받아, 사람들이 즐겨 그를 찾아왔다. 그는 효성스럽게 부모를 섬겼다. 어머니의 상을 당하자 고을의 옛 남문 밖에 장사를 치르고 날마다 찾아가서 절하고 곡을 했다. 한동안을 그렇게 하니 팔뚝과 무릎, 발이 닿은 곳에 완연히 여섯 개의 흔적이 생겼다. 그런데 그 봉분은 큰길을 향해 있어서, 그곳을 지나가는 사람들은 누구나 깜짝 놀라 보면서 탄식하다가 심지어 제 몸을 대어본 뒤에 떠나가곤 했다. 일 만들기 좋아하는 사람이 더러 거기다가 좀 더 깊게 파놓았다.

  당시 한번은 호귀복이 고을 벼슬아치의 명령으로 고려

1_ 화사(畵師): 화가.

현릉[2]에 그림을 그린 적이 있었다. 현릉이 어머니의 묘로부터 겨우 십 리 거리였기에 밤이면 어머니의 묘소를 찾았다. 이러기를 몇 개월, 하루도 게을리한 적이 없었다. 고을 수령이 이를 듣고 가상히 여겨 그에게 쌀과 고기를 내려주었다.

논평한다.

"이보다 앞서 연안 효자 이창매李昌梅는 그의 부모를 남대지[3]에 장사 지내고 날마다 찾아가서 절했는데, 그의 팔뚝과 무릎이 닿은 곳에 모두 풀이 자라지 않고 눈도 쌓이지 않았다. 그로부터 백 년이 지난 뒤, 한 나그네가 그곳을 지나다 보니, 아직도 풀이 자라지 않고 눈도 쌓이지 않았다. 대체로 효자로서 이와 같은 일이란 아마도 허리를 수그리고 종종걸음으로 와서 무릎 꿇고 일어서기를 부지런히 해야 가능한 일이 아니겠는가? 처음엔 필시 기뻐하며 마치 곧 만날 듯이 하다가 끝에는 분명 갈팡질팡 어쩔 줄 몰랐을 것이다. 이제 호 효자의 사적을 보니 이창매와 비슷한 점이 있기에 함께 기록하고 논평을 덧붙인다."

2_ 현릉(顯陵): 고려 태조의 능.
3_ 남대지(南大池): 황해도 연백군 연안에 있었던, 조선 시대 3대 저수지 중 하나. 겨울철에 이곳의 얼음이 갈라지는 방향을 보고 이듬해 농사의 풍년과 흉년을 점쳤다고 한다.

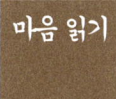 ## 지극한 정성, '기적'이라는 황홀한 이름을 얻다

김택영의 《숭양기구전》 〈효우전孝友傳〉에 나오는 이 일화는 효성이 지극했던 인물을 특별히 거론하는 것이기에 다소 과장된 면도 없지 않겠지만, 이 이야기에 담긴 기적을 왠지 믿고 싶은 마음이다. 사람의 지극한 정성과 노력에 감동하여 천기天氣마저 조화를 부리는 터에 눈에 보이는 땅의 구멍 이야기는 그런 사실이 없으면 생길 리 만무하기 때문이다.

김택영은 이 이야기의 뒤에 또 다른 효자의 기적을 수록해놓았다. 연안 사는 이창매도 자신의 부모를 남대지가에 장사 지내고 날마다 찾아가 절했는데 그의 팔뚝과 무릎이 닿은 곳에 풀도 자라지 않고 눈도 쌓이지 않았다고 한다. 그로부터 백 년이 지난 뒤, 한 나그네가 그곳을 지나는데 여전히 풀도 자라지 않고 눈도 쌓이지 않고 있었다. 도대체 얼마나 자주 와야 풀씨가 싹을 틔울 겨를도 없고 눈도 쌓일 틈이 없는 것일까? 과연 정말일까? 나는 이것도 정말이라고 믿고 싶다.

김택영은 황진이에 대한 전기를 쓰면서 서경덕과의 로맨스나 벽계수와의 일은 삭제했다. 허황된 소문들이 오히려 황진이의 사람됨과 진실함을 해칠 것을 저어한 때문이었다. 그러면서 세상의 질시와 권력에 의해 소외된 이들을 위해서는 자그마한 이야기 한 톨까지 남기고자 했다. 그들의 삶이 지닌 진정함과 아름다움이 사라질까 안타까워했던 것이다.

김택영이 호귀복과 이창매의 이야기를 전한 것은 바로 그 때문이다. 비록 양반네와 같은 지도층은 아니더라도 세상을 따뜻하게 만들었던 훈훈한 사람 냄새를 느끼게 해준 것이다. 그런데 자세히 들여다보면 사람 냄새를 나게 하는 건 바로 그들의 한결같은 착실함과 성실함이었다. 설령 호사가가 구멍을 깊게 파고, 나그네가 전하는 말이 과장되었을지라도, 그들의 효성이 만들어낸 '기적'은 결코 근거 없는 것은 아니었으니 말이다.

'진인사대천명盡人事待天命'이라는 말이 있다. 사람이 해야 할 일을 모두 다한 뒤에 하늘이 내려줄 운명을 기다리라는 뜻으로, 하늘의 뜻을 기다리기에 앞서 성실한 노력을 하라는 취지로 항용 거론되는 말이다. 사람으로서 할 수 있는 일을 다 하는 것, 그것은 기적(천명)을 만들어낸다. 물론 이것은 돌아가신 부모의 봉분 앞에서만 해당되는 말이 아니다. 근래 텔레비전에서 소개되는 산업체의 기적적 성공이나 지극한 보살

핌으로 불치병에서 일어서는 부부의 감동적인 이야기는 말할 것도 없고, 하다못해 움직이지 못하고 말도 못 하는 화초들도 그렇다. 히물며 사람과 사람 사이의 관계는 더할 나위 없으리라. 나를 좋아하는 사람들을 좋아하기란 쉽다. 하지만 나를 미워하고 의심하는 사람들까지 감싸 안아야 진정한 사랑이요, 배려라 하지 않던가. 그래야 '진인사盡人事'일 것이다. 남을 탓하기에 앞서 좀 더 나를 던져보자. 기적, 그 황홀한 이름을 위하여!

■ ■ 김택영金澤榮(1850~1927)

조선 말기의 문인으로, 본관은 화개, 자는 우림于霖, 호는 소호당韶濩堂, 창강滄江이다. 유교적 지식인으로서 문장에 뛰어나 황현, 이건창, 강위 등과 함께 한말 사대가로 꼽힌다. 과거에 급제한 뒤 주로 한직에 있으면서《대한예전大韓禮典》《대한역대사략大韓歷代史略》등을 편찬했고, 일제에 의해 나라가 망하자 중국 남통으로 건너가 그곳의 한묵림인서국翰墨林印書局이라는 출판사에서 일하며 고려와 조선의 책들을 편집 간행하였다.《연암집》《매천집》등이 그의 손을 거쳐 세상에 알려지게 되었으며, 고문가로서도 의미 있는 자리를 차지한다. 또한《교정 삼국사기》《신고려사》《한사경》《한국역대사략》등에 정성을 기울여 망국의 역사를 남기려고 하였다. 저서에《소호당집》이 있다.

■ ■ 《숭양기구전崧陽耆舊傳》

김택영이 지은 송도 옛사람에 대한 열전이다. '숭양'은 개성의 옛 이름이고, '기구'는 오래된 원로들이라는 뜻이다. 김택영은 송도가 고려의 오백 년 도읍이었음에도 조선이 건국된 뒤 황폐하게 버려져 그곳 사람들에 대한 기록마저 없어질 것을 안타까워했다. 그래서 다양한 자료를 동원하고, 직접 송도를 다니면서 송도 인물들의 기록을 모아 이 책을 엮었다. 수차례 수정·보완할 정도로 애를 썼으며, 부류별로 엮어놓아서 송도의 옛 지성사를 살펴보는 데에 신뢰할 만한 자료이다. 호귀복과 이창매는 효우를 다루는 부분에 수록되어 있다.

사랑과 미움에 대한 잠언

이달충, 《제정집》

유비자有非子[1]가 무시옹無是翁[2]을 찾아가 물었다.

"어느 날 사람됨을 논의하는 사람들이 무리 지어 있었습니다. 혹자는 노인장을 사람답다고 말하고, 혹자는 노인장을 사람답지 못하다고 말하더군요. 노인장께서는 어찌하여 어떤 사람에게는 사람답다고 인정받으시고, 어떤 사람에게는 그렇지 못하십니까?"

무시옹이 이 말을 듣고 대답했다.

"사람들이 나를 사람답다고 말해도 나는 기쁘지 않고, 나를 사람답지 못하다고 해도 나는 두렵지 않네. 차라리 사람다운 사람이 나를 사람답다고 말하고, 사람답지 못한 사람이 나를 사람답지 못하다고 말한다면 좋겠어. 사실 나는 나를 사람답다고 말하는 이들이 어떤 부류의 사람이고, 나를 사람답지

1_유비자(有非子): 틀리기만 하는 사람이라는 뜻.
2_무시옹(無是翁): 옳은 말을 하지 못하는 사람이라는 뜻.

못하다고 말하는 이들이 어떤 부류의 사람인지를 잘 모르겠구먼. 사람다운 이가 나를 사람답다고 말하면 기뻐할 일이고, 사람답지 못한 사람이 나를 사람답지 못하다고 말하면 역시 기뻐할 일이지. 허나 사람다운 이가 나를 사람답지 못하다고 비판하면 두려워해야 할 일이고, 사람답지 못한 이가 나를 사람답다고 칭찬하면 역시 두려워해야 할 일이네. 기뻐하거나 두려워하려면, 나를 사람답다고 하는 사람이 누구고, 사람답지 못하다고 말하는 사람이 누구인지를 살펴야 하는 것이지. 그래서 《논어》는 말하지 않았던가? 오직 어진 사람이라야 남을 사랑할 수 있고 미워할 수 있다고 말일세. 자, 한번 말해 보시게나! 나를 사람답다고 말하던 사람이 어진 사람이던가? 아니면 나를 사람답지 못하다고 말하던 사람이 어진 사람이던가?"

유비자가 빙긋 웃고는 물러갔다. 이에 무시옹은 잠언을 지어 자신을 경계했다.

잘생긴 자도[3]를 보고
누가 못생겼다 하며,
맛난 역아[4]의 음식을 먹고

3_ 자도(子都): 고대의 미남을 가리킴.
4_ 역아(易牙): 중국 춘추 시대 제(齊)나라의 뛰어난 요리사.

누가 맛없다 하던가?
좋아해 싫어해 요란하지만,
어찌 자신에게 그 까닭을 찾지 않는고?

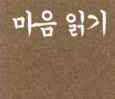 **마음 읽기**

남의 말을 듣기에 앞서
나를 바르게 가다듬다

나를 칭찬하는 소리가 모두 고마운 것만은 아니다. 만일 사람답지 않은 자가 나를 두고 칭찬한다면 그것은 욕이다. 이처럼 칭찬이 욕일 수 있고 욕이 칭찬일 수도 있다. 따라서 칭찬과 욕 자체에 얽매일 필요가 없을 것이다. 누가 어떤 경위로 그렇게 평가하는지를 먼저 살펴야 한다. 그런데 고민은 거기서 그치지 않는다. 세상에서 나를 두고 옳으니 그르니 하는 소리가 우리를 끈질기게 괴롭히기 때문이다. 나 혼자 살아간다면 괜찮지만, 남과 어울리는 속세를 살고 있는 평범한 사람으로서 다른 사람의 평가가 신경 쓰이지 않는다면 그건 거짓말일 것이다. 그래서 신라의 최치원은 세상에서 옳으니 그르니 하는 소리가 듣기 싫어 물소리 요란한 가야산 자락에 공부방을 틀고 은거하기도 했다. 물소리로 세상 소리를 덮으려는 마음이었을 것이다. 그렇다면 우리 같은 보통 사람은 어떻게 해야 할까?

    옛날에 아주 아름다운 미남이 있었다. 그 이름은 자도!

누구나 그 사람이 멋지다는 것을 인정했다. 요즘 말로 '꽃미남'이었던 것이다. 그리고 뛰어난 요리사가 있었다. 그 이름은 역아! 그가 만든 음식을 먹어본 사람은 다들 맛있다고 아우성을 쳤다. 이른바 '7성급 셰프'였던 것이다. 멋지다, 맛있다고 말하는 사람들이 누구이든 간에, 당사자가 정말 멋지게 생기고 맛있게 음식을 만든다면 굳이 남의 눈을 의식할 필요가 없는 일이다. 평판보다 앞서 실제 그러한 내가 존재하기 때문이다.

이것은 세상의 시비를 탓하기에 앞서 나를 수양해야 하는 이유이기도 하다. 남의 말 이전에 '나'라는 사람이 존재하니, 다른 무엇보다 나 자신을 어떻게 가다듬을 것인가가 매우 중요하다. 이달충은 수양의 첫 번째는 사랑하고 미워하는 감정을 다스리는 것에 있다고 하며 잠언의 이름을 '애오愛惡'라고 했다. 이 〈애오잠愛惡箴〉은 세상을 자기 안으로 다스리려는 지혜가 돋보이는 재미있는 글이다.

문득 수수께끼 하나가 생각난다. '사람 인人' 자 열 개를 쓴 문장이다.

"人人人人人人人人人人"

이것은 어떻게 해석할 수 있을까? 정답은 이렇다.

"사람들아, 사람이 사람이라고 사람이냐, 사람이 사람다워야 사람이지, 사람들아!"

(양끝의 '人人'은 '사람들'이란 복수로 해석한다.)

재미있지만 그냥 웃어넘기기에는 마음에 남는 것이 있다. 우리가 사는 세상의 영원한 화두인 '사람다움'을 다루고 있기 때문이다.

■ ■ 이달충 李達衷(1309~1384)

이달충은 고려 공민왕 때의 문신으로, 본관은 경주, 자는 지중止中, 호는 제정霽亭이다. 충숙왕 때 문과에 급제해 관직에 나갔다가 왕의 노여움을 사 파직되었으며, 그 후 다시 등용되었지만 공민왕 때 왕 이상의 권력을 휘두르던 신돈을 비판하면서 다시 파직되었다. 그는 파직을 두려워하지 않고 직언을 할 정도로 용기가 있었으며 성품이 곧았다고 한다.

■ ■ 《제정집霽亭集》

이달충의 문집으로, 본래 손자 이영상이 간행하였지만, 그 책은 일찌감치 사라졌고, 뒷날 후손들이 《동문선》《동국여지승람》《청구풍아》《고려사》 등에 실린 시문과 기록들을 찾아서 엮은 책이 바로 이것이다. 비록 그가 지은 글들이 온전하게 남아 있지는 않지만, 그의 강직한 성품을 읽는 데에는 부족함이 없다. 그의 시도 화려한 말잔치보다는 현실의 삶을 사랑하고 아파하는 마음이 많이 담겨 있다. 더구나 그에 대한 기록을 남긴 책들이 역사서로서나 문학서로서 정평 있는 책들이고 보면, 그는 '사람다운 이'의 평가를 누리고 있는지도 모르겠다.

종정도 놀이

권필, 《석주집》

세상의 한가한 사람들이 여럿이 모여 일없이 심심하면 여러 장으로 이은 넓적한 종이에다 벼슬아치의 등급을 낮은 데서 높은 데까지 그려 넣고 그 벼슬자리를 올라가며 내려가며 쫓겨나는 법을 정한 다음에는 나무를 깎아 여섯 모 나게 말을 만들고, 거기 덕德, 훈勳, 문文, 무武, 탐貪, 연軟의 여섯 자를 새긴다. 이런 따위의 말을 세 개씩 만든다. 그리고 몇 사람이 둘러앉아 떠들면서 말을 던지기 내기를 하는데, 말에 나타난 글자에 따라 벼슬자리가 오르기도 하고 내리기도 한다. 그 벼슬자리의 높낮이를 보고 승부를 결정하는데 이것을 '종정도從政圖'라고 한다.

  이 놀이의 유래는 자못 오랜 듯하다. 나는 어릴 때부터 이 놀이를 좋아하지 않았기 때문에 벗들이 이 놀이를 노는 것을 보면 기어코 쓸어버리곤 하였다.

　병진년(1565)에 나는 호남지방을 여행하게 되었다. 하루는 우연히 어떤 정자에 올라갔다가 몇 사람이 둘러앉아 이 놀이를 하고 있는 것을 보았다. 나도 그 옆에 앉아 그들이 노는 것을 구경하였는데, 혹은 자리가 올라가 귀하게 된 자도 있고, 자리가 내려가 천하게 된 자도 있었다. 혹은 처음에는 괄시를 당하다가 마지막에 잘되는 사람도 있었고, 또 처음에는 잘되다가 마지막에 쫓겨나는 사람도 있었다. 이마 거기에는 어떤 운수가 작용하는 것 같았다.

　그러나 자리가 올라가 귀인이 된 자라고 해서 반드시 다 현명한 것은 아니며, 자리가 내려가 천인이 된 자라고 해서 반드시 다 미련한 것은 아니었다. 처음에는 괄시를 당하다가 마지막에 잘되는 이를 어찌 처음에는 졸렬하다가 나중에 영리해진 탓이라고 하며, 처음에는 잘되다가 마지막에 쫓겨나는 이를 어찌 처음에는 영리하다가 나중에 졸렬해진 탓이라고 하겠는가? 자리가 오르거나 내리거나 쫓겨나거나 등용되거나 하는 원인은 그 사람이 총명한가, 재주가 있는가와 상관없었다. 다만 놀이에서 던진 말이 잘 맞는가 맞지 않는가에 달렸을 뿐인 것이다.

아아, 지금 벼슬한다는 사람들도 역시 이 종정도 놀이와 같지 않은가? 혹자는 그것이 우연한 것이 아니라 그 조짐을 교묘하게 이용하는 지혜가 있다고 하지만, 나는 그 말을 믿지 않는다.

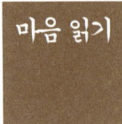 사람과 벼슬 사이에
공백 없어야

조선의 시인 권필은 종정도를 옆에서 구경하다가 문득 한 가지 의문을 가진다. 혹자는 자리가 올라가 귀하게 되고, 혹자는 자리가 내려가 천하게 되며, 혹자는 처음에 괄시를 받다가 마지막에 잘되고, 혹자는 처음에는 잘되다가 마지막에 쫓겨나는 것이 의아했던 것이다. 혹시 당사자와 상관없이 작용하는 힘이 있는 것은 아닐까? 그러다가 이런 생각까지 하게 된 것이다.

종정도의 성패는 철저히 자신이 던진 말이 잘 맞는가에 달렸다. 운수요, 요행일 뿐이다. 한번 말을 '던져投' 명예와 권력을 누리니, 듣기 좋아 놀이이지 사실 도박인 셈이다. 자리는 사람과 아무런 관련이 없다. 오직 끝도 모를 경우의 수와 순간적인 우연의 일치가 유일한 원리일 뿐이다. 하지만 우연 속에 필연이 있지 않을까? 아니다. 백 번 양보해도 그 안에 '사람'을 염두에 두지 않는 한, 그 말은 억지다. 왜 그럴까? 우리는 추상적 숫자 속에 살지 않고, 먹고사는 구체적인 삶을 살고 있기 때문이다. 삶은 정직하다. 그래서 우리는 현실에서도 늘 사람과 자리 사이에 공백이 없기를 바라는 것이다.

흔히 정치하는 사람을 위정자爲政者라고 부른다. 다른 사람을 위하여 정치를 행하는 것을 두고 이른 말이다. 그러나 가끔 그들이 종정자從政者(정치를 뒤따르는 사람)로 보이는 것은 왜일까? '위爲'와 '종從'. 글자 한 자 차이이지만, 그 사이는 하늘과 땅만큼 벌어져 있다. 흡사 현실과 놀이 사이의 거리처럼 말이다.

■ ■ 권필權韠(1569~1612)

조선 중기의 문인으로 본관은 안동, 자는 여장汝章, 호는 석주石洲이다. 벼슬에 관심을 두지 않고 자유분방한 삶을 살았던 것으로 알려져 있다. 강화에 옮겨가 살 때에는 그의 이름을 듣고 찾아온 사람들을 아낌없이 가르쳐주었다. 광해군의 외척을 비판하는 시를 지었다가 발각되어 해남으로 귀양을 가서 삶을 마감하였다. 저서에 《석주집》이 있다.

■ ■ 《석주집石洲集》

권필의 문집으로 11권 4책이다. 허균, 이안눌과 함께 당대 최고의 시인으로 꼽힌 권필은 자유분방한 마음을 표현하기 위해 '고시'라는 형식을 많이 사용했다. 한시의 시체는 고시와 근체시로 나뉘는데, 정형적인 근체시와 달리 고시는 형식이 자유롭다. 올빼미보다 세상 인심이 사납다고 노래한 〈밤에 몹시 취하여 짓다夜坐醉甚走筆成章〉, 가난 속에서도 군역을 나갈 수밖에 없는 남편을 둔 아내의 아픔을 쓴 〈얼마다 애통한지고切切何切切〉, 인생의 무상함을 노래하며 장자의 이상향에서 살고 싶다는 〈천하가 푸르거니 취하여 짓다天下蒼蒼醉中走筆〉 등이 그 예이다. 〈종정도 놀이從政圖說〉는 외집에 실려 있다.

옛글에서 다시 찾은
사람의 향기

4

사람은 역사의 색인이다

영남의 괴로움

충지, 《원감국사가송》

영남 지방의 가난과 괴로움을
말하려 하니 눈물이 앞을 가리네.
좌우 두 도는 군량을 공급하고
삼산[1]에서 배를 건조했네.
요역[2] 징발 백 배로 늘었고
부역[3]한 지 내리 삼 년이라오.
성화처럼 징발은 급하고
벼락같이 호령이 전해 오네.
사자(使者)[4]들 늘 찾아오고
장군들도 나란히 오는구나.
팔이 있어도 다 묶였고
채찍 맞지 않은 등살이 없었지.

1_삼산(三山): 경상남도의 지명.
2_요역(徭役): 나라에서 정남(丁男)에게 구실 대신 시키던 노동.
3_부역(負役): 백성이 부담하는 공역.
4_사자(使者): 왕의 명령을 전달하는 임무를 맡은 사람.

끊임없이 오가는 관리 대접은 이골이 났고
밤낮 없이 짐 나르는 수레들도 이어지누나.
마소는 등짝 온전한 놈 하나 없고
백성들도 어깨 쉬는 이 드문데,
새벽 타고 칡을 캐러 갔다가
달빛 받으며 풀 베어 돌아오네.
수병이 농토를 내달리고
나무꾼이 바닷가에 마을 이뤘는데,
남정네들 뽑아다 갑옷 입히고
건장한 이 추려서 창 들려 메이네.
때맞추어 가라고만 재촉하니
일각이라도 늦는 것 용납할쏘냐?
처자식들 땅을 치며 울고
부모는 하늘 부르며 통곡하네.
이제 삶과 죽음의 길 나뉘었으니
어찌 온전히 살아남기 기대하랴?
남겨진 이라곤 늙은이와 어린이라
애써 산다 해도 애태우고 마음 졸일 뿐이네.
마을마다 반은 도망간 집이요

골골마다 모두 버려진 논밭이라오.
뉘 집인들 집뒤짐 당하지 않았으며
어느 곳인들 소동 일어나지 않았던가.
세금도 끝내 면할 수 없거든
군량을 어떻게 또 대야 할는지?
상처는 날로 심해지건만
고달픔을 어이 치유하랴?
일마다 모두 아픔을 감수해야 하니
삶이란 참으로 가련하여라.
형편이 견딜 수 없음을 알고 있어도
어디 하소연할 곳조차 없구려.
황제의 덕, 저 하늘처럼 덮고 있고
황제의 밝음, 저 태양처럼 걸려 있네.
우둔한 백성들 그래도 바라노니
성인의 은택 분명 베풀어지소서.
삼한[5] 땅 안을 둘러보시면
집집마다 베개 높이 베고 잠을 자리라.

5_삼한: 삼국 시대 이전에 우리나라 중남부에 있었던 세 나라인 마한, 진한, 변한을 말하는데, 여기서는 우리나라를 뜻한다.

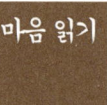 생명을 살리는 소중한 비처럼
따스한 마음으로

1280년 8월, 원나라는 '동정東征'이라고 불리는 일본 정벌을 계획했다. 그런데 거기에는 문제가 있었다. 그건 바로 동정을 위해 군량을 공급하는 일이 고스란히 정벌 길목에 있는 영남 백성의 몫이었다는 점이다. 그렇지 않아도 원나라와의 전쟁으로 피폐해진 살림살이가 외세의 정복 야욕을 채우기 위해 거덜나게 되었으니, 그 고통이야 이루 말할 수 없었다. 그들이 안쓰러워 충지의 눈에는 벌써부터 눈물이 고인다.

당시 위정자들은 몽골의 말발굽 아래 짓밟히는 민중을 도외시한 채, 강화도에서 안주하며 최씨 무신정권을 따르고 있었다. 그러나 이제 "꽃이 피어도 쓸쓸하다"며 한숨 짓던 스님의 붓끝에서, 무엇 하나 온전치 않고 이별할 새 없이 징용에 끌려가던 민중의 참상이 폭로되기 시작한다. 시가 세상과 만나서 역사가 되는 순간이다. 시가 아름다운 이유는 시어가 예쁘게 다듬어져서가 아니라, 현실 속의 삶의 모습이 그대로 드러나며 희로애락애오욕의 감동을 주기 때문이다. 스님이 지었다고는 생각할 수 없을 정도로 가슴 아파하는 시이기에 더욱 가슴을 뛰게 만든다. 본래 수도자는 현실을 외면하거나 도피하는 존재가 아니라 그 안에서 현실과 하나가 되는 존재가 아닐까? 고려 후기의 문신 민지閔漬가 세상과 만난 부처의 마음을 거론한 것도, 세상과 함께하는 자세를 말하고 싶었던 것이리라.

> 임금은 세상을 하나로 만들고, 부처는 세상을 하나로 모아간다. 정녕 불법이 세상살이에 맞게 베풀어지면 어찌 병을 치료하는 좋은 약이나 제때 내리는 단비와 같지 않겠는가?
> − 〈국청사 석가여래사리영이기國淸寺釋加如來舍利靈異記〉

제때 내리는 단비를 '시우時雨'라고 한다. 초목 하나라도 가꾸어본 사람은 빗방울 하나하나가 참으로 고맙고 반갑다. 그래서 누군가는 '기름 같은 비'라고 부르기도 했다.

사실 빗물은 생명의 다른 이름이기도 하다. 그런데 그것이 생명이 되려면 하나의 조건이 있다. 바로 땅과 만나야 한다. 비는 땅 위에 사는 존재들과 만나야 비로소 자신의 생명력을 발휘할 수 있다. 부처가 부처일 수 있는 이유, 스님이 스님일 수 있는 이유도 마찬가지다. 그런 점에서 불법이 세상과 만나는 것은 자연스러운 일이요, 당연하기까지 하다. 또한 불법을 비에 견준 것은 지극히 온당하다. 법우法雨가 되어 찾아온 부처의 마음, 생명의 마음, 수도자의 마음, 따스한 마음! 생명이라는 대전제 속에서 임금과 부처가 하나이듯이, 도道와 속俗은 하나로 만난다. 우리가 살아가는 동안 만나는 모든 인연들이 그러하다. 아마도 생명에 대한 사랑은 비를 타고 오는가 보다.

■ ■ 충지 沖止(1226~1292)

고려 후기의 승려로 조계산 수선사 송광사 제6세 국사國師를 지냈다. 본래의 법명은 법환이었으나 나중에 충지로 바꾸었다. 9세에 처음으로 취학했는데 매우 총명하여 경서와 자사를 쉽게 외웠으며, 17세에는 사원시司院試를 마쳤다. 저서로는 문집인《원감국사집》1권이 남아 있으며,《동문선》에도 시와 글이 많이 수록되어 있다. 충렬왕은 그에게 원감국사라는 시호와 함께 보명寶明이라는 탑명을 내렸다.

■ ■ 《원감국사가송 圓鑑國師歌頌》

충지가 지은 시를 모아 편집한 책으로 권두에는 몽암노인蒙菴老人이 쓴 서문이 있으며, 본문에는 시 324수가 수록되어 있다. 이들 시는 수도하는 동료 및 제자, 관계官界에 있는 속인들에게 준 것이 대부분이며, 현재는 동국대학교 도서관에 소장되어 있다. 이 책에 수록된 시는 스님이기에 선취禪趣적 경향이 강하지만, 현실의 어려운 상황에 대하여 외면하지 않고 비판하는 문학정신이 돋보인다. 〈영남의 괴로움嶺南艱苦狀〉도 이 책에 수록되어 있다.

동래 할미

허목, 《기언》

동래 할미는 본래 동래의 사창私娼[1]이었다. 1592년, 선조 임금 시절에 왜구가 보물과 부녀자를 크게 약탈해 간 일이 있었는데, 할미는 당시 30여 세의 나이로 왜국에 잡혀가 10여 년을 지냈다. 그 후 1601년 봄에 우리나라 사행단[2]이 귀국할 때, 왜구는 이미 조선과 화친을 했기 때문에 그 편에 지난날에 잡아간 사람들을 돌려보내게 되었고 할미도 또한 돌아오게 되었다.

    할미에게 늙은 어머니가 있었는데, 난리통에 서로 간 곳을 몰랐다. 돌아와서 그 어머니가 계신 곳을 찾았지만 다들 말하기를, "난리에 자네처럼 잡혀가서 돌아오지 않았다"고 했다. 본래 모녀는 같이 왜국에 있으면서도 10년 동안을 서로 알지 못했던 것이다. 할미는 자기 친족들과 헤어지면서 "맹세

1_ 사창(私娼): 관청의 허가 없이 먹고살기 위해 몰래 몸을 파는 여자.
2_ 사행단(使行團): 조선에서 일본으로 파견된 사신 행차.

코 어머니를 보지 못하면 돌아오지 않겠다"고 하고 다시 바다를 건너 왜국에 이르렀다.

그녀는 거리에서 걸식하는 등 온갖 고생을 다하여 일본 전역을 누벼서 드디어 어머니를 찾았다. 모녀는 다 늙었는데, 어머니는 70여 세로 아직 정정했다. 왜인은 모두 크게 놀라 안타까워하고, 그녀를 어질다 하면서 눈물까지 흘렸다. 이 말이 전해져 왜국의 도성까지 알려졌고, 그곳 우두머리는 어머니와 함께 송환하는 것을 허락했다.

할미는 어머니를 모시고 고향에 돌아왔지만, 재산도 직업도 없어서 살아갈 길이 막막했다. 할미는 곧 언니와 함께 어머니를 업고 강우江右[3]로 가서 함안咸安 방목리放牧里에 거주했다. 그 어머니가 천수를 누리고 작고하니, 자매가 서로 의지하고 살았다. 날마다 품팔이를 해서 생활을 했는데, 무릇 옷 한 가지, 음식 한 가지가 생기면 언니에게 먼저 주고 자신은 뒤에 가졌다.

할미는 80여 세에 죽었는데, 동네 사람들이 모두 '동래할미'라고 불러 그대로 이름이 되었다. 아! 여자로서 능히 바다를 건너 만리타국의 험난한 바닷길에서 모녀가 서로 만날 수 있었던 것은 하늘이 돌본 것이다. 예부터 남자도 하지 못

---

3 강우(江右): 낙동강 오른편. 곧 서부 경남을 말한다.

할 일을 능히 하여 세상에 뛰어난 절행節行⁴을 세워 오랑캐를 감화시켰으니, 아, 어질도다!

4_절행(節行): 절개를 지키는 행실.

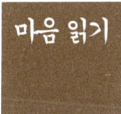 역사도 갈라놓지 못한 두 모녀,
생명의 힘

옛날 왜구에게 끌려갔던 모녀들의 서글픈 이야기가 있다. 전쟁통에 모두 붙들려 갔음에도, 그곳에서 만나지 못한 채 10년을 살았고, 그 헤어짐도 모자라 먼저 귀국한 딸이 다시 어미를 찾아 왜국으로 들어가 또다시 10년을 헤맨 끝에 만나게 되었다. 그리고 다시 돌아왔지만 살 길이 막막했던 차, 언니와 함께 셋이 말을 치던 곳에 가서 살다 죽었다는 이야기이다. 사연을 듣기만 해도 참으로 가슴 아픈 일이 아닐 수 없다.

세상은 이 여인에게 '동래 할미'라는 이름을 붙이고 기억해주었다. 이 이야기는 조선 중기 걸출한 학자였던 허목의 문집에 나온다. 작고 연약한 여인조차 국경을 넘나들며 효우孝友를 실천했다며 계몽의 의도로 수록한 것이다. 실제 왜란으로 인해 붙잡혀 간 사람들이 고국으로 돌아왔을 경우, 이곳 사람들의 시선은 냉랭했다. 특히 여인들을 바라보는 시선은 거의 폭력적이었다. 더럽혀진 육신으로 돌아왔다는 것이다. 그래서일까? 뜻밖에 왜국으로 잡혀간 사람들 가운데 일반 민초들은 돌아오려 하지 않았다고 한다. 돌아와야 똑같은 처지이니, 그저 적응하면 그곳이 자신의 삶터가 아닌가 하는 심정으로 일본에서 살았던 것이다. 더구나 그곳에서 결혼한 이들은 굳이 그 땅을 떠날 이유가 없었다. 그곳이 고향인 셈이었다. 바로 가족이 있었기 때문이다. 사연 속의 모녀가 고국으로 돌아오려고 한 이유도 바로 '가족'이었다고 생각한다. 그래서 딸은 어미가 없는 조선을 떠나, 어미 찾아 왜국으로 갔던 것이다. 지금이야 한두 시간 거리지만, 그때에는 목숨을 걸고 가야 하는 곳이었다. 그래서 이처럼 고국으로 돌아온 사례는 희귀했다. 이것이 허목이 굳이 서사로 남긴 이유일 것이다.

그런데 또 하나 기억할 일이 있다. 동래 할미의 끈질긴 생명력이다. 생활하기 위하여 몸까지 팔고, 서른이라는 한창 나이에 일본으로 붙잡혀 가 많은 고생을 하다 겨우 고향으로 돌아왔으며, 어머니를 찾기 위해 다시 원수의 땅 일본으로 건너갔고, 어머니와 함께 돌아와서는 풀뿌리라도 캐 먹고자 산속으로 들어가 살았던 억센 생명력이 참으로 놀라운 것이다.

최하층이라는 사회적 천대와 천하장사도 못 이긴다는 세월의 흐름도 마다하지 않고 피붙이를 찾아 나서며, 힘겨운 가난 속에서도 형제를 잊지 않았던 사랑의 마음을 도덕 윤리로 평가하는 것은 양반네의 곰방대 놀음일 뿐이다. 그 뿌리에는 분명 생명의 힘이 살아 있다. 생존하겠다는, 같이 살아야겠다는 강인한 생명의 힘! 그것만이 못된 편견을 부수고 진한 감동을 불렀으며 함께 사는 가족을 일구어낸 것이다.

 요사이 스스로 삶과 가족을 포기하는 사람이 갈수록 늘고 있다. 그리고 그때마다 그들은 늘 "사랑한다"라는 말을 남긴다. 정말 그들은 가족과 친구들을 사랑했던 걸까? 진심으로 상대를 사랑한다면 자신의 삶을 소중히 여기고 끝까지 그들 곁에 있어야 한다. 어쨌든 우선 살아 있어야 사랑도 할 수 있는 것이니까. 어떻게 사느냐는 그다음 문제다. 동래 할미는 효우를 실행한 정려비(효성이 지극한 여인에게 나라에서 내리던 문)로서가 아니라 생명의 소중함을 몸으로 보여준 역사로 기억되어야 한다.

■ ■ 허목許穆(1595~1682)

조선 중기의 문신으로 자는 화보和甫, 호는 미수眉叟이다. 정언눌에게 글을 배웠고 정구를 스승으로 섬겼다. 광주의 우천에 살면서 지봉산에 들어가 독서와 글씨에 전념해 그의 독특한 전서篆書를 완성했다. 당시의 과제는 임진왜란과 병자호란에서 입은 파괴와 손실을 복구하고, 피폐한 민생을 회복해 집권체제의 동요를 수습하는 일이었다. 이를 위해 그는 군주君主, 군권君權을 핵으로 하는 정치 질서의 재정립을 적극 모색했다. 또한 글씨, 특히 전서에 능해 동방 제1인자라는 찬사를 받기도 했다. 저서로 《기언》이 있다.

■ ■ 《기언記言》

'미수기언'이라고도 부른다. '기언'은 말을 기록한다는 뜻인데, 다른 문집이 '집'이라고 표제하고 있는 것과는 달리, 그 이름이 독특하다. 이 책은 학, 예, 문학, 고문, 유림 등으로 편제되어 있고, 17세기 당시 성리학적 체계를 비판하는 상고주의적 태도를 보여준다. 〈자서自序〉에서는 자신의 정치적 · 사회적 태도를 밝혀놓아, 그의 사상을 이해하는 데 도움을 준다. 〈동래 할미東萊嫗〉도 여기에 실려 있다.

몽둥이에 새긴 글 외

박종채, 《과정록》

몽둥이에 새긴 글

백성 하나가 읍내에 살면서 항상 사람을 때리고 욕하고 술과 음식을 토색질하기를 능사로 삼아 매일 싸움질을 하였다. 혹 관아에서 죄를 추궁당하기라도 하면 유감을 갚는 것이 더욱 심하니, 사람들이 두려워 피하며 더불어 따지려 들지 않았다. 하루는 아전이 동헌 마당으로 엉금엉금 기어 들어와 숨을 헐떡이며 하소연하였다. 그는 손에 쥔 큰 몽둥이를 가리키며 이렇게 말했다.

"아무개란 놈이 이 몽둥이를 가지고 소인을 때려죽이려 하였답니다."

연암(박지원)은 웃으며 "얼른 가서 새기는 공인을 불러오

너라" 하였다. 공인이 오자, 그를 시켜 몽둥이에다 이렇게 새기도록 하였다.

"아하! 이토록 큰 몽둥이는 누가 만들었을까? 바로 아무개이니, 술주정하여 나쁜 짓을 마음대로 하였다. 너에게서 나온 것은 너에게 돌아가리라. 치죄治罪[1]를 피할 길이 없으니 멍이 들도록 때리리라. 이를 걸어서 마을 문 곁에 두나니, 만약 그가 버릇을 고치지 않으면 사람마다 누구나 그를 때려라. 사또가 허락하나니 이 새긴 글을 증명으로 삼는다."

아울러 아무개를 때려죽이더라도 문책하지 않겠다는 약속까지 했다. 아전은 웃으며 물러갔고, 그 백성도 이 말을 듣고 다시는 야료惹鬧[2]를 일으키지 못하였다.

시장 도둑

매양 시장에서 도둑을 살피게 하여 현장에서 체포를 하면 토포영[3]의 장교와 병졸이 곧 나타나곤 하였다. 이른바 토포영이란 바로 영장으로서, 도둑 다스리는 일을 전적으로 맡아보는 자이다. 장교와 병졸들이 간사한 짓을 하여 도둑과 같이 가다

1_치죄(治罪): 죄를 다스림, 즉 재판하여 형벌을 부과하는 것.
2_야료(惹鬧): 까닭 없이 트집을 잡아 시비를 거는 일.
3_토포영(討捕營): 각 진영의 도둑을 수사, 체포하는 관청.

가 풀어놓아 훔치게 해서 그 이익을 나누고, 잡히면 반드시 우연히 지나던 것으로 둘러대서 도둑을 떠밀어 데리고 가버렸다. 해당 고을에서도 편의를 좇아 넘겨주곤 하였으나 실상 도둑을 방지한다는 것이 도리어 도둑을 마음대로 풀어놓는 꼴인 줄을 알 수 없는 일이었고, 도둑 역시 믿는 곳이 있고 보니 방자하게 횡행하여 겁이 없었다.

연암은 관직에 부임한 초기에 모두 세 번 도둑을 잡았는데, 그때마다 장교와 병졸이 곧 오곤 하였다. 연암은 그들의 간악함을 알고 도둑을 넘겨주지 말도록 하였다. 뒤에 토포영에 따져서 통보하기를, "도둑을 잡았을 때 장교가 와서 넘겨주기를 요구하면 마땅히 도둑 다스리는 법으로 함께 다스리겠다"고 했다. 이로부터 고을 안에서 다시는 도둑 걱정이 없어져서 대문을 밤중에도 닫지 않게 되었다. 그가 항상 이렇게 말하곤 하였다.

"영장이란 쓸데없는 관직이니 없애야만 되고, 여러 고을들이 각자 도둑을 막는 것이 옳다."

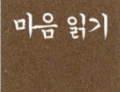 기록은
역사가 주는 선물이다

〈몽둥이에 새긴 글〉은 연암의 둘째아들 박종채가 《과정록》에 남긴 이야기 가운데 하나이다.

연암이 사또로서 난폭한 백성을 슬기롭게 다스렸다는 것을 알려주는 예화이지만, 오늘 읽고 있는 내게는 조금 남다르게 다가온다. 자신에게서 나긴 것은 다시 자신에게 돌아온다는 인과응보의 진리도 그렇거니와 무엇보다 '새긴 글', 즉 기록이 주는 두려움은 등골이 오싹해질 정도다.

현재의 기록은 후대에 기억으로 불렸다가 결국 절제와 규범을 위한 전범으로 되살아난다. 역사를 짓는 이유가 바로 이 때문이다. 지난 일을 기억해내어 낱낱이 더듬고, 그것을 까밝히는 것만으로도 혹자는 자랑차고, 혹자는 수치에 몸 둘 곳을 모를 정도다. 이를 통해 사람들의 생각과 말과 행위는 자극을 받고 새로워진다. 이것이 역사가 우리에게 주는 선물이다. 그래서 역사를 믿는가 믿지 않는가, 의식하는가 그렇지 않는가는 앞날의 명암을 판별하는 관건이 된다.

술주정 백성이 자신의 행동을 거둬들이게 된 것은 몽둥

이가 무서워서가 아니었다. 곁에서 치죄할 사람들이 무서워서도 아니었다. 그는 몽둥이에 새겨진 글귀가 두려웠던 것이다. 누군가 어느 벽에 걸린 몽둥이를 보고 그것이 왜 생겨났는가를 물었을 때 자신의 행적이 고스란히 드러나, 결국 패악의 경계 푯대가 될까 봐 말이다. 곧 역사를 두려워했던 것이다!

박종채는 부친이 고을살이를 하면서 겪은 또 하나의 이야기를 전해주고 있다. 도둑과 도둑 잡는 이들의 결탁과 협잡이다. 이들은 서로 공생하는 처지다. 토포영의 장교들은 도둑을 풀어 재물을 훔치게 하고, 그 재물을 나누어 먹었다. 상식적으로 이해되지 않는 행위다. 그런데 돌아보면 지금도 이른바 공권력을 쥔 사람들이 오히려 범죄를 저지르는 이들과 한배를 탄 경우가 심심찮게 들려온다. 심지어 감옥으로 들어간 이가 협잡한 경찰을 협박하여 쩔쩔매게 만들었다는 웃지 못할 이야기까지 들려온다. 연암이 분노한 정경이 바로 지금 우리의 눈앞에서 벌어지고 있는 셈이다. 이런 일 또한 역사로 기록하여 길이 남겨야 하리라. 그리하여 그들도, 그리고 우리의 후손들도 더 이상 같은 일을 저지르지 않도록 해야 한다. 그래서 기록은 더없이 중요하다. 기록으로 기억되는 역사만큼 우리를 두렵게 만드는 것은 없다.

■ ■ 박종채朴宗采(1780~1835)

조선 후기의 문신으로, 자는 사행士行, 호는 혜전蕙田이다. 벼슬은 음직으로 경산현령을 지냈다. 박지원의 아들로서, 저서에 아버지에 대한 기억을 담은《과정록》을 남겼다.

■ ■ 《과정록過庭錄》

박지원의 둘째아들인 박종채가 지은 잡록으로, 박지원의 신상이나 생활상뿐 아니라 교우, 업적, 저술 등에 대한 기억을 서술하고 있다. 박지원 사후 17년이 지나 5년여의 기간을 들여 완성했는데, 박지원의 어린 시절부터 수학 과정, 저작 활동,《열하일기》창작 과정, 가정 대소사, 관직생활 등을 자식의 입장에서 소상하게 밝혀놓았다. 앞의 글도 이 책의 권2에서 뽑은 것이다. 박지원을 연구하는 데 가장 중요한 자료 가운데 하나이다.

이완용과 콜브란

황현, 《매천야록》

당초 미국인 콜브란이 전차회사를 설립할 때, 이완용과 이윤용 등이 태상황(고종)에게 권하고 돈 100만 원을 출연(出捐)하여 돕도록 했다. 이완용은 그중 40만 원을 가로채고, 60만 원만 콜브란에게 주었다. 또 콜브란이 차도를 수선함에 미치어 태상황은 다시 70만 원을 출연하였다. 그런데 작년에 콜브란이 이 회사를 일본인에게 매도하면서, 태상황이 두 차례 출연했던 돈을 대내大內(대궐)로 반환하는 데 역시 이완용으로 하여금 바치도록 했다.

태상황은 콜브란이 회사를 팔았다는 소식을 듣고 출연한 원금이 들어오지 않는 것을 이상하게 여겨 사람을 시켜 콜브란에게 따지도록 했다. 콜브란은 옥새가 찍힌 영수증을 갖고 와 제시하였는데, 그것은 바로 태상황이 평소 사용하던 사각의 작은 도장이었다. 대개 이완용이 콜브란이 반환했던 그 돈까지 착복하고 작은 옥새를 훔쳐서 찍어 증서를 내주었으니 이는 미봉하려 했던 것이다.

이에 태상황은 크게 성을 내며 그 사실을 끝까지 파헤치도록 하였다. 그때 심부름하던 조남승은 중죄를 얻을까 두려워 달아났다가 결국 붙잡히고 말았다. 이에 이완용 등의 간악한 죄상이 온통 드러나자, 이완용은 자신의 죄과에서 벗어나고자 태상황이 갑오년(1894) 이래 일본을 배척했던 사건을 통감부에 폭로하고서, 그 전후의 문서들이 철궤 안에 비장되어 프랑스영사관에 은밀히 보관되어 있다고 말했다.

일본인들이 프랑스인과 교섭하여 철궤를 얻어 열람하니, 무릇 태상황 때의 각국 외교문서들이 모두 있었으며, 헤이그 사건도 드러났다. 저들은 이를 비밀에 부치고 그 철궤를 자기 나라로 보냈다. 이윽고 조남승은 석방되었다. (이등박문[1]이 외교부를 철폐하였을 때 청나라, 일본, 영국, 미국, 독일, 프랑스, 러시아, 이탈리아, 벨기에 등 아홉 나라와 체결한 조약문은 어디로 갔는지 알지 못해 끝내 찾지 못했다. 조남승이란 자는 오랫동안 태상황의 신임을 받았으며, 천주교도였던 까닭에 프랑스 교회당에 비밀리에 보관해두었던 것이다. -원주)

1_이등박문(伊藤博文): 이토 히로부미. 주한 특파 대사로 을사조약을 강제로 체결하였으며, 조선의 식민지화를 주도했다. 1909년 중국 하얼빈에서 안중근에게 저격당했다.

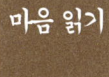 매국와 애국의 차이

한말 애국지사였던 황현은 죽기 석 달 전에 이완용의 매국행위를 기록해두었다. 다시 읽을수록 한심하고 안타까운 마음이 치솟는다. 그런데도 요사이 을사오적으로 손꼽히던 매국적의 후손들이 자신들의 재산을 되찾겠다고 소송을 벌이는 일이 잇따르고 있다는 소식이 들려오곤 한다. 사적 재산의 신성한 권리를 인정하는 자본주의 체제 덕분이다. 어처구니없다. 체제가 문제 있어서가 아니라, 사적 재산권을 무람없이 휘두르는 사람들이 문제이기 때문이다. 이완용에서 보듯이, 저들은 외세에 기대어 자신의 권력을 누리고, 나라를 빌미로 사욕을 챙기며, 영리를 위해 민중의 운명을 내팽개쳤다.

저들은 나라를 위해 결단한 것이라고 강변하지만, 우리는 이것을 나라와 민중을 팔아먹었다고 말한다. 여기서 '친親'과 '매賣'가 갈라진다. 누구의 이익을 대변하는가, 누구의 입장에서 말하는가가 관건인 것이다. 애써 민족과 국가를 강조하려는 것은 아니다. 물론 저 후손들에게 억하심정이 있어서도 아니다. 적어도 재산 소송을 하기에 앞서 조상의 행적을 지난 역사에 비추어 생각해보는 자세가 필요하지 않았을까. 아쉬운 마음뿐이다. 아무리 손으로 가려도 역사는 의연히 살아 있다.

■ ■ 황현黃玹(1855~1910)

조선 말기의 문인으로, 본관은 장수, 자는 운경雲卿, 호는 매천梅泉이다. 유교적 지식인으로서 학문에 대한 열정으로 조선 말기의 사회상에 대한 저술을 많이 남겼다. 일제에 의해 망국을 당하자 자결로써 항거하였다. 강위, 김택영, 이건창 등과 함께 한말 사대문장가로 꼽힌다. 저서에《매천집》《매천야록》이 있다.

■ ■ 《매천야록梅泉野錄》

황현이 지은 역사책으로 6권 7책이다. 1864년에서 1910년까지 기록하고 있으며, 말미에 황현이 절명한 부분은 제자 고용주가 기록한 것이다. 한말 위정자의 부정과 비리, 외세의 침략 과정, 일제의 만행, 의병의 전개 과정, 서양문물의 도입, 당시 해외 동향, 조선을 둘러싼 동아시아 정세 등을 연월일별로 기록하고 있어 시대상을 읽을 수 있는 좋은 사료이다. 위정자의 매국과 외세의 침탈이 연계되어 있음을 보여주는 〈이완용과 콜브란〉도 여기에 수록되어 있다.

기홍수와 차약송 외

이제현, 《역옹패설》

기홍수와 차약송

신종 임금 때 기홍수奇洪壽와 차약송車若松이 같이 평장사[1]가 되어서 중서성에서 합좌合坐하고 있었다. 이때 차약송이 기홍수에게 물었다.

"자네 집 공작새는 안녕하신가?"

기홍수가 대답했다.

"그렇네만, 자네 모란 키우는 법이나 알려주시게."

당시 사람들이 이 소식을 듣고 다음과 같이 말하며 비웃었다.

"한 나라의 평장사 두 사람이 의식을 갖추어 합좌한 자리에서 기껏 한다는 이야기가 이런 것인가?"

1_평장사(平章事): 고려 시대의 정2품 관직.

국가가 도병마사都兵馬使를 설치하고 시중, 평장사, 참지정사, 정당문학, 지문하성사로 판사判事를 삼고, 판추밀 이하로 사使를 삼아서, 큰일이 있으면 모여서 의논하게 하였다. 이것을 '합좌'라고 불렀던 것이다.

원부와 방우선

문순공文純公 원부元傅가 한번은 퇴근하여 집에서 한가롭게 있을 때에 문생 너덧 사람이 와서 뵈었다. 원부는 그들에게 앉으라고 하고는 함께 이야기하다가 다음과 같이 말했다.

"내가 재주가 없는데도 외람되게 국정의 우두머리가 되었다. 세상 사람들은 어떻다고들 말하던가?"

모두가 감히 말하지 못하는데, 학사 방우선方于宣이 아랫자리에 있다가 대답하였다.

"사람들이 말하기를, 공께서 하시는 정치가 공의 성씨와 같다고 하더이다."

공이 크게 웃으며 말했다.

"나야 내 성씨를 따라 둥글게 원元을 그려 제자리로 되돌아왔다마는, 너는 네 성씨를 따라 '모方가 지면' 앞으로 어디까지 갈는지 궁금하구나."

정통

정통鄭通은 초계 사람이다. 나주 서기로 재임하는 동안 관기 소매향을 사랑하여 아이 하나를 낳기까지 하였다. 그가 임기를 마치고 서울로 가게 되었다. 멍하니 맥이 풀려, 가면서도 어디로 가야 할지 모를 정도였고, 말하다가도 무엇을 말하려 했는지 잊어버릴 지경이었다. 서울로 오는 도중에 친한 친구의 집에 이르렀다. 마침 한 스님이 좋은 말을 타고 그 집에 이르렀다. 그는 자리에 미처 앉기도 전에 그 말을 훔쳐 타고 나주를 향하여 사흘 동안을 달렸다.

한밤중에 기생집에 닿으니, 그 기생이 자신의 어머니와 함께 등불을 밝히고 앉아서 한숨을 쉬며 탄식하고 있었다.

"기실공記室公(정통을 말함)은 오늘은 어디 있을까요?"

정통이 방문을 밀치고 들어가 울며 말했다.

"내가 여기에 있소."

두어 날을 묵은 뒤 그곳에 오래 머물 수 없음을 깨닫고, 말에는 기생을 태우고 자신은 어린애를 업고 뒤따르면서 북쪽으로 길을 잡아 떠났다.

한편 정통의 아내는 남편을 잃어버린 뒤, 땔나무와 식량을 제대로 댈 수 없어서 종들을 거느리고 고향으로 가려고 했었다. 그러던 차 저 길에서 한 여자가 말을 타고 어린애 업은 하인이 뒤따라오고 있었다. 종이 주인을 알아보곤 말했다.

"저기 오는 분이 서방님 아닌지요?"

"설마 그분이 아무리 바람이 들었기로서니 어찌 저럴 리가 있겠느냐?"

아내는 이렇게 말했지만, 점점 가까이 와서 보니 과연 남편이었다. 아내가 말했다.

"쯧쯧, 당신 꼴이 웬일이오?"

정통이 아내를 쳐다보고 놀라 서서 말하였다.

"한번 장난을 해본 것이네."

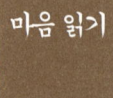 공공의 윤리 회복은
민심을 얻는 길이다

고려 후기 이제현은 역사가의 눈으로 포착한 당대 공직자의 풍경을 《역옹패설》에 남겨놓았다. 흡사 콩트처럼 제시된 에피소드를 읽다 보면 등장하는 사람들의 표정까지 되살아날 정도다.

국가 정책을 의견하는 자리에서 한가롭게 집에서 키우는 애완물 이야기로 시간을 보내는 기홍수와 차약송, 일하는 방식에 대한 비판을 성씨로 비유하며 장난치는 원부와 방우선, 지방 임지에서 얻은 첩실을 잊지 못해 오던 길을 되돌아간 정통. 이들의 모습에서 이제현은 국정을 논하면서 농담을 일삼는 안일함, 비판이 못마땅해 되받아치는 옹졸함, 정욕에 빠져 소중한 것을 잃고, 그러고도 모자라 자신의 잘못조차 깨닫지 못하는 어리석음을 생생하고 신랄하게 보여준다.

그런데 돌이켜보면 이 모습들은 그리 먼 이야기가 아니다. 지금 우리 주위에서 벌어지는 공직사회의 행태와 놀랍게도 닮아 있다. 언론을 통해 간간히 보여지는 광경은 세상인의 비웃음을 사기에 넘치고도 남는다. '공직'이란 이름 그대로 공공의 이익을 위해 복무하는 자리다. 저들이 일하고 받는 대가 또한 국민의 세금이다. 사기업의 사원이 기업주의 이익을 위하여 일하고 있듯이, 공직에 종사하는 이들은 국가의 이익, 국민의 이익을 위하여 일하는 것이 마땅한 것이다. 그럼에도 대규모 부정과 비리는 늘 공직사회로부터 시작된다는 데에 가슴 아플 뿐이다. 특히 고위층으로 갈수록 그럴 위험은 더욱 커진다. 일반 사람보다 더 많은 정보를 누리고, 권력을 가지기 때문이다. 고위 공직자치고 재산이 적은 사람이 그다지 많지 않다는 사실도 그 반증이 아닐는지.

물론 돈이 많은 것이 죄가 되지는 않는다. 그러나 그들이 재산을 불릴 기회를 더욱 많이 갖는다는 것도 분명하다. 그래서 새로운 정권이 들어설 때마다 공직자의 기강을 바로잡는 일이 최우선이 된다. '기강'은 윤리를 뜻하니, 저들에게 공공의 윤리 차원에서 모자라거나 넘치는 것을 바로잡는다는 뜻이 된다. 이를 통해 자신을 지지해준 민심에 호응하고, 차후 민심에 기반한 정치를 하겠다는 다짐을 하는 것이다. 거꾸로 정권 말기가 되면, 공직을 지냈던 사람들의 부정과 비리가 속출하는 것도 같은 궤에서 이해된다. 공직자의 기강이 흐트러져 결국 사회의 공정성이 훼손되었고, 이는 끝내 민심의 이반으로 귀결될 것이기 때문이다.

정도전이 《경제문감經濟文鑑》에 정승을 비롯한 관리의 바른 도리를 집중적으로 설파하고 있는 것도 국정이 어떤 사람을 쓰는가에 달렸음을 말해주는 것이리라 생각한다. 누구를 쓰는가, 이것이 국정 담당자가 가장 먼저 고민할 내용이지만, 한편으로 어떻게 쓸 것인가 역시 결코 소홀히 해서는 안 되는 일이다.

사람은 역사의 색인이다. 색인은 인내자이다. 혹시 선택이 어려워 세상을 읽는 지혜를 빌리고 싶다면 사람 찾아 역사를 뒤적이는 것도 유용하리라 본다. 올해처럼 사람을 선택할 일이 많고, 그 선택에 우리의 삶이 롤러코스터를 탈 것이 불 보듯 훤한 세상에서는 더욱 그렇다.

■ ■ 이제현李齊賢(1287~1367)

고려 후기의 학자로, 본관은 경주, 자는 중사仲思, 호는 익재益齋, 역옹櫟翁이다. 성리학을 공부하였고, 충선왕이 원나라에 두었던 만권당에서 원나라 지식인들과 교유하였으며, 역사를 비롯해 시문으로 당대 최고로 불렸다. 말년에는 문하시중에 올랐으나 사직하고 학문과 저술에 몰두하였다. 그의 시문은 풍속과 충효를 위주로 지어졌고, 역사 서술은 뒷날《고려사》저술에 많이 반영되었을 정도로 정평이 있었다. 저서로《익재난고》가 있다.

■ ■ 《역옹패설櫟翁稗說》

이제현이 지은 시화집이다. 전집, 후집으로 구성되어 있는데, 전집은 주로 역사와 풍속에 대하여 형식에 구애받지 않고 기술하였고, 후집은 시와 관련된 이야기를 싣고 있다. 관료사회 스케치를 담은 앞의 글들은 전집에 수록되어 있다. 정지상의 〈송인送人〉처럼 잘 알려진 시에 대하여 비평적 안목을 보여주는 논의도 후집에 실려 있다. 막연한 인상에 의거한 비평이 아닌 기준 있는 비평을 제기한 것으로 알려져 있다.

의병을 일으키라!

최익현, 《면암집》

아, 어느 시대엔들 난적亂賊의 변고가 없겠는가만 그 누가 오늘날의 역적과 같을 것인가? 또한 어느 나라엔들 오랑캐의 재앙이 없겠는가만 그 어느 것이 오늘날의 왜놈과 같겠는가? 의병을 일으키라, 더 이상 말이 필요 없다.

우리 조선은 (…) 태조 이래로 성왕이 대를 이어 공자의 도를 높이 받들었고, 현신賢臣이 차례로 일어나 임금은 임금답고 신하는 신하다워 밝은 인륜이 두텁게 퍼졌고, 높은 이를 높이고 귀한 이를 귀하게 여기어 예의와 문물이 밝게 빛났다. 집집마다 인의仁義와 효제孝悌를 실천하여 선비를 높이고 도를 무겁게 여기는 마음을 가지지 않은 자가 없었고, 믿음으로 갑옷과 투구를 삼고 의로움으로 방패를 삼아 모두 윗사람을 가깝게 여기고 어른을 위하여 죽을 마음도 가졌다. 백성들은 평화로워 삼대三代¹의 융성할 때보다 못하지 않았고, 문물은 빛나서 오랫동안 '작은 중화'라고 아름답게 일컬었다. (…)

아, 저 도적 왜놈은 참으로 우리의 영원한 원수였다. 임진년 난리를 일으켜 선릉²과 정릉³을 파헤쳤고, 병자년 수호조약⁴으로 바깥 오랑캐가 우리나라를 엿보도록 이끌었다. 맹세한 피가 아직 마르기도 전에 먼저 협박하더니, 우리 궁궐을 버릇없이 드나들고 죄인들을 보호하여 우리의 법도를 무너뜨리며, 옷과 갓을 찢어버리고 국모를 시해하며, 임금의 머리카락을 강제로 깎아버리고, 대신들을 노예로 만들며, 백성들을 고깃젓으로 만들고 무덤과 집을 파헤치며, 땅을 빼앗아 사람살이와 관련되면 모두 제 손아귀에 거머쥐었다. 그런데도 모자란 듯 갈수록 탐욕만 부리고 있다.

아, 지난 10월의 소행은 참으로 만고에 없던 일이다. 하룻밤 사이에 종잇조각에 억지로 도장을 찍게 하여 오백 년 사직을 망하게 만들었다. 하늘도 땅도 놀랄 일이요, 선조께서 통곡할 일이로다! 우리나라를 통째로 내준 역적 이지용⁵은 정녕 우리의 영원한 원수요, 제 임금을 죽이고 남의 임금을 모욕한 이등박문은 마땅히 천하 사람이 함께 쳐야 할 것이다. (…) 변고를 당한 지 이미 여러 달이 되었는데도 토벌하는 사

1_삼대(三代): 중국의 융성했던 하, 은, 주 왕조 시대를 가리킨다.
2_선릉(宣陵): 조선 성종과 계비 정현왕후 윤씨의 능.
3_정릉(靖陵): 조선 제11대왕 중종의 능.
4_병자년 수호조약: 운요호 사건을 계기로 고종 13년(1876)에 일본과 체결한 조약. 군사력을 동원한 일본의 강압에 의해 맺어진 불평등 조약으로, 강화도 조약이라고도 한다.
5_이지용(李址鎔): 조선 말기의 친일파, 민족반역자.

람이 없으니, 임금이 망하는데 신하가 어찌 홀로 살아 있으며, 나라가 망하는데 백성이 홀로 보존할 수 있겠는가?

　슬프다, 저 불난 집 기둥 위의 제비나 솥 안에 든 물고기처럼 곧 죽을 운명이거늘 어이해 떨쳐 싸우지 않는가? 살아서 원수의 노예가 되기보다는 죽어서 충성스럽고 의로운 넋이 되는 것이 낫지 않겠는가?

　나는 나이가 많고 병이 깊으며 재주도 없고 힘도 부족하여 작은 충성도 바치지 못하고 귀양을 갔다. 히지만 실낱같은 목숨이라도 남아 있으니 원수를 갚고자 한다. (…) 우리 모두 창과 방패를 수선하고, 온 마음과 힘을 다해 역적의 무리를 섬멸하여 놈들의 고기를 먹고 놈들의 가죽을 깔고 자며, 저 원수 오랑캐를 무찔러 그 씨를 말리고 그 소굴을 소탕하자. 그리하여 어떻게든 옛 모습을 회복하여 나라를 반석 위에 올려놓고 백성을 구원하라. 우리의 거사는 정당하고 떳떳하다. 적이 강하다고 두려워 말라. 자, 이제 함께 힘차게 일어나자.

 ## 나라를 팔아먹고 신의를 버린 자, 매우 쳐라!

한말 우국지사였던 최익현의 글은 한 세기 지나 읽어도 울컥 목이 메게 하는 감동이 있다. 고희를 훨씬 넘긴 74세 노인이 과연 이렇게 글을 쓸 수 있다니! 읽을수록 힘이 나고 손이 절로 불끈 쥐어진다. 분명하고 단호한 어조로 나라를 팔아먹은 역적을 처단하고 신의를 저버린 왜놈을 무찔러 없애자고 최익현은 외치고 있다. 그런데 '역적'이야 을사오적을 가리킬 터이지만, '신의'를 저버렸다 함은 무슨 말일까?

그는 격문에 앞서 일본 정부에게 당신들이 조선의 독립을 보장하겠다고 한 약속을 어떻게 저버렸는지를 16개 항목으로 조목조목 따진 적이 있다. 일본을 믿지는 않았지만 밀려드는 서구 열강을 한국, 청국 그리고 일본이 함께 도와 의지하며 동양의 대국大局을 지켜나갔으면 하고 소망했다. 서구의 침입을 막기에는 한 나라로는 버거우리라는 정세를 읽었던 것이다. 그래서 미덥지 않았지만 다시 한 번 믿어보려고 했으나 그 소망은 일본의 배신으로 무참히 스러지고 말았다.

신의란 대등한 사이에서 이루어지는 아름다운 덕이다.

사실 태생적으로 어떤 연분도 타고나지 않은 나라들이 이웃으로 지내고자 한다면 신의가 없이는 불가능한 일이다. 신의가 없다 함은 서로를 독립적인 존재로 인정하지 않는다는 것이다. 그리고 그렇게 된다면 필시 패자(覇者)가 지배하는 세상이 된다. 이것은 비단 국가 간의 문제만은 아니다. 개인 사이의 관계 또한 신의가 없이는 옳게 맺어질 수 없다. 친구 사이에도 신의가 없어서 이익과 권세가 개입되는 경우를 숱하게 보아왔을 것이다. 최익현의 걱정은 사실로 드러났다. 그래서인지 그가 언젠가 힘주어 강조하였던 말이 더욱 귀에 쟁쟁하게 울린다.

실패하든 성공하든 미리 헤아리지 마라. 같은 배를 타고 함께 건너야 하니, 위급할 때 팔 하나의 힘이라도 도와주며 적과 싸우라.

어느 시대든 자신이 살고 있는 시간과 공간을 부정하고 파괴하는 자는 옳지 않다. 아무리 부조리하고 훼손된 곳이라도 지금의 자신을 있도록 한 역사를 외면하는 자 역시 정당하다고 볼 수 없다. 부모를 부정하는 것이 생명질서에 대한 거부이듯이, 자기 역사에 대한 부정 역시 정당하지 않다. 민족주의, 국가주의를 옹호하려는 것이 아니다. 자기가 발을 딛고 있는 현신과 자신을 허용하고 있는 주위 사람들에 대한 가장 낮은 수준에서의 배려와 존중인 것이다. 따라서 우리는 나라를 팔아먹고 신의를 버린 자들에 대해 이렇게 말할 수 있다.

"매우 쳐라!"

■ ■ 최익현崔益鉉(1833~1906)

조선 말기의 애국지사이다. 본관은 경주, 자는 찬겸贊謙, 호는 면암勉菴이다. 어려서부터 유학의 기초를 공부했다. 성리학에 기본을 둔 이항로의 학문을 이어받았으나 이기론理氣論과 같은 형이상학보다는 애국의 실천 도덕과 전통질서를 수호하는 명분론에 더 큰 관심을 가졌다. 그의 사상과 이념은 역사적 현실에 바탕을 둔 실천성을 지니고 있었기 때문에 구국애국 사상, 민족주의 사상으로 승화, 발전할 수 있었다. 1895년 을미사변이 일어나고 단발령이 단행되자 74세의 고령으로 의병을 일으켰으나 뜻을 이루지 못하고 적지 대마도 옥사에서 순국했다.

■ ■ 《면암집勉菴集》

최익현의 시문집이다. 48권 24책으로 구성되었으며 최익현이 일본 대마도의 옥중에서 순국한 지 2년 뒤인 1908년 봄에 맏아들 최영조를 중심으로 초간본이 간행되었다. 면암집에는 서書, 서序, 발, 명, 찬 등 일반체의 글과 제례문 그리고 천선闡先의 글(선대를 밝히는 글)과 정치론으로서의 상소문, 기타 일반 저술인 잡저 등이 다채롭고 광범위하게 편집되어 있는

데, 이 가운데에서도 유익하고 뜻있는 글로 상소문과 잡저가 꼽힌다. 특히 상소문과 잡저는 최익현의 사상과 한말의 위기 상황을 연구하는 데 좋은 자료가 되고 있다. 〈의병을 일으키라!倡義激文〉도 그 가운데 하나이다.

역사의 파괴 외

신채호, 《조선상고사》 / 최익한, 〈동아일보〉 수록

역사의 파괴

송도[1]를 지나다가 만월대[2]를 쳐다보라. 반 조각의 기와라도 남아 있더냐? 한 조각 주춧돌이 존재하더냐? 아무것도 없는 밭에 이름만 만월대라 할 뿐 아니더냐? 아, 만월대는 이조의 아버지 항렬로서 시대가 멀지 않은 고려조의 궁궐인데, 무슨 전쟁의 불길에 탔다는 전설도 없거늘 어찌 이렇게 무정한 터만 남았느냐? 이와 동일한 예로 부여에서 백제의 유물을 찾을 수 없으며, 평양에서 고구려의 옛 모습을 찾을 수 없도다. 이를 통하여 내리는 결론인즉슨, 뒤에 일어난 왕조가 앞의 왕조를 미워하여 역사적으로 자랑할 만한 것은 무엇이든지 파괴하며 소탕하므로 조선이 대를 잇자 고려사가 볼 것 없게 되

1_송도(松都): 개성의 옛 이름. 고려의 수도였다.
2_만월대(滿月臺): 개성 송악산 남쪽 기슭에 있는 고려의 왕궁 터. 919년(태조 2) 정월에 태조가 송악산 남쪽 기슭에 도읍을 정하고 궁궐을 세운 이래, 1361년(공민왕 10) 홍건적의 침입으로 소실될 때까지 고려 왕의 주된 거처였다.

었다. 매양 현재를 이유로 과거를 잇지 않고 말살하려 하니, 역사에 쓰일 재료가 박약해졌다. — 신채호, 《조선상고사》

전통의 우상화

전통이 이념이 되고 우상으로 되면, 역사적 발전에 따라 필연적으로 낳았던 자신의 역사적·문화적 계승자에게 도리어 금치산을 선고하고 목 졸라 죽일 정도의 잔인함을 갖고서 폭군 같은 행위를 아무 거리낌 없이 하게 된다. 또한 모든 발전의 현재 및 장래를 막기 위하여 과거, 현재 및 다른 곳에 매몰되어 있던 찌꺼기를 한없이 모두 불러들여 동원한 뒤 복고주의 무대 위에 훌륭한 허깨비로 등장시킨다. 이것이 우상이 된 전통의 극단적 모습이다. (…) 전통의 우상화는 결국 역사적 권위를 이용하여 발전과 새로움을 억제하는 데 있다. (…) 이는 전통의 개악改惡이며, 지배체계의 임무이기도 하다.

— 최익한, 〈동아일보〉 수록

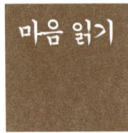 현재의 이익을 위해
과거를 왜곡하지 마라

지난 2004년, 행정수도 이전에 관한 특별법이 위헌으로 판결되어 대단한 이슈가 되었다. 그런데 흥미롭게도 판결의 근거가 조선의 헌법인 《경국대전經國大典》이었다. 경국대전은 조선이 건국된 지 70여 년이 지난 세조 때 편찬되어, 그로부터 20여 년에 걸쳐 보완된 뒤 성종 16년(1485)에 시행된 법전이다.

《경국대전》은 국왕을 중심으로 한 중앙집권적 전제정치를 이룩하기 위해 마련된 것이다. 당시 고려 말부터 관습적으로 행해지던 고유법을 성문화하고, 외국(중국)의 법적 침투를 막는 방파제 역할을 한 역사적인 법체계이다.

우리는 이런 커다란 사회 이슈 속에서 《경국대전》이라는 고전을 만날 수 있었다. 참 반가운 일이다. 그 판결로 역사적 전통이 우리의 생활 속에 여전히 살아 숨 쉬고 있음을 깨닫게 되었다.

일찍이 우리 조상들도 국가의 자존과 독립이 힘겨워질 때 역사에서 배우려고 했다. 그러나 그들은 개인적인 감정이나 집단의 이익을 앞세우기 이전에 무엇으로 모두 함께 잘 살아갈 수 있는가를 진지하게 고민했다. 공정하고 냉정하게 올바른 길로 나아가려 했다. 그래서 우리 조상들의 결단과 실천은 훌륭한 역사로 남아 우리를 이끌고 있다.

여기 일제하에서 참지식인을 꿈꾸고 실천했던 선배 두 분의 말을 한번 살펴보자. 이를 통해 전통을 이조(조선)에 축소하고, 기득권의 이익을 위한 허깨비로 만드는 폭력적인 역사의식을 반성해보도록 하자.

혹시 우리는 알게 모르게 현재의 이익을 위해 과거의 전통을 남몰래 왜곡하고 있는 것은 아닐까? 그것이 공공의 이익을 위해서라도 저질러서는 안 되는 일임에도, 자기가 속한 집단의 이익을 위해 아무렇지 않게 행하고 있지는 않은지 되돌아볼 필요가 있다.

사실 《경국대전》이 '부활'하게 된 이유를 보면, 행정수도를 서울에서 다른 지역으로 옮기는 것의 역사적 근거 때문이다. 서울을 중심에 놓고 역사가 이어져왔으니, 앞으로도 수도는 서울이 유일하다는 것이다. 그런데 여기에는 역사의 왜곡이 숨어 있다. 역사를 근거로 지금의 서울 중심주의, 혹은 기득권을 지키려는 심산이 숨어 있기 때문이다. 지역의 균형적인 발전은 나라의 전체적인 재화의 형평성과 국민들의 화합을 위해서도 당연한 일이다. 하지만 그동안 지역은 서울의 하부구조로서 기능해왔다. 우리가 흔히 "서울로 올라간다", "지방으로 내려간다"라고 말하는 것은 봉건시대에 왕이 계신 곳을 높여서 부르던 것에서 비롯되었음이 상식이다. 세상이 바뀌었음에도 의식은 그대로인 것이다.

언젠가 지역에 대한 지원을 늘리자 서울은 자신이 차별받는다고 저항했다. 과연 그러한가? 수많은 정치·경제·문화·사회적 인프라와 인재가 서울에 몰려 있고, 그 안에서 대부분 이루어지고 있다는 사실을 생각해보라. 그런 점에서 행정수도를 지역으로 옮기는 것은 대단히 파격적이었고, 지역의 균형적인 발전을 유도할 묘책이었다. 그러니 《경국대전》을 근거로 들며 서울이 수도로서 영속해야 한다고 주장하는 것은 '역사의 왜곡'이요, '서울의 우상화'라고 부를 수 있지 않을까?

우리가 역사를 배우고 고전을 익히는 이유는 사익私益을 위한 것이 아니요, 모두가 잘사는 행복한 사회를 이루기 위해서이다. 또한 옛글의 마음과 세상을 빌어 미래의 사회를 꿈꾸기 위해서이다. 이 점 하나만 분명하게 동의한다면 역사를 바라보는 우리의 태도도 진지해지지 않을까.

■ ■ 신채호申采浩(1880~1936)

조선 말기와 일제강점기의 역사가, 언론인, 독립운동가로 호는 일편단생一片丹生, 단생丹生, 단재丹齋이다. 한말 언론, 교육, 신민회 활동을 통해 계몽운동을 펼쳤으며 중국 망명 후에는 무장투쟁에 의한 독립운동 노선을 지지하면서 1920년대 중반 이후 무정부주의 단체에서 활동했다. 또한 역사 연구를 통해서 한국 근대역사학의 방법론과 인식을 성립시켰다. 신채호의 초기 역사 연구는 한말 언론활동 등의 계몽운동과 국권회복운동의 일환으로 진행되었으며, 〈독사신론〉 등의 역사 논문과 이순신, 을지문덕 등 국난을 극복한 영웅들에 대한 전기를 비롯해서 〈역사와 애국심의 관계〉 등의 역사 관계 논설이 주류를 이루었다. 1910년 망명 후에 본격적인 역사 연구를 하여, 1920년대 이후 《조선혁명선언》《조선사연구초》《조선상고사》《조선상고문화사》 등의 저서를 남겼다.

■ ■ 《조선상고사朝鮮上古史》

신채호가 우리나라 상고시대의 역사를 기록한 책이다. 단군시대부터 백제의 멸망과 그 부흥운동까지 서술하고 있다. 1931년에 〈조선일보〉 학예란에 연재되었고, 이후 1948년 종

로서원에서 단행본으로 발행되었다. 원래 이 책은 신채호의
《조선사》 서술의 일부분이었으나, 연재가 상고사 부분에서 끝
났기 때문에 《조선상고사》로 불리게 되었다. 〈역사의 파괴〉는
총론에 실려 있다.

■ ■ 최익한 崔益翰(1897~?)

사회주의 운동가이자 학자이다. 경상북도 울진의 부유한 가
문에서 태어나 어려서부터 한학을 배우다가 1917년 서울로
올라가 신학문을 익혔다. 3·1운동의 영향을 받아 항일운동
에 가담하여 임시정부의 군자금을 모금하다 투옥되기도 했
다. 석방 후 일본에서 공부하던 중 사회주의 사상을 받아들
였다. 〈조선일보〉 〈동아일보〉 《춘추春秋》에 국학 관계 글을 많
이 썼으며 1948년 남북협상을 계기로 월북했다. 저서로는 《조
선사회정책사》 《실학파와 정다산》 등이 있다. 〈전통의 우상화〉
는 〈전통 탐구의 현대적 의의〉라는 제목으로 〈동아일보〉(1939.
1. 4.)에 실렸다.

옛글에서 다시 찾은
사람의 향기

5

사랑하는 이를 위해
크게 울어주리다

옷을 전당잡히고서

이규보, 《동국이상국집》

3월 하고도 11일,
부엌에선 아침밥도 못 지었지.
아내가 갖옷[1] 잡히려 하기에
내 처음엔 나무라며 말렸네.
"추위가 아주 갔다면
누가 또한 이것을 잡겠으며,
추위가 다시 온다면
다가올 겨울에 난 어찌하라고?"
아내 대뜸 볼멘소리로
"당신은 어쩌면 그리도 미욱하오?
갖옷이 그리 때깔나진 않아도
제 손수 짠 것이라

1_ 갖옷: 안감을 짐승의 털가죽으로 댄 옷.

당신보다 곱절로 아낀다오.
허나 목구멍이 포도청이라
하루에 두 끼니 먹지 않으면
옛사람도 굶주린다고 말했죠.
굶주리면 조만간 죽을 텐데
어찌 다가올 겨울을 기약하시오?"
곧장 하인 불러 내어주며
며칠은 버틸 수 있겠다더니
결과는 터무니없었네.
하인이 혹 빼돌렸나 의심하니
제가 되레 성을 내면서
장사치의 말투로 고하니,
"늦봄이라 벌써 여름 가까운데
이 어찌 갖옷을 팔 때인가?
일찌감치 두었다 겨울 준비나 삼지.
마침 내게 여력 있어 망정이지
만일 그렇지 않다면
한 말의 좁쌀도 네게 줄 수 없네."
나는 듣고 부끄럽고 겸연쩍어

눈물만 공연히 턱을 적시네.

겨우내 애써 지은 옷

하루아침에 거저 주고도

오히려 큰 굶주림 구제 못한 채

배고픈 아이들 죽 늘어세웠네.

젊었을 때 돌이켜 생각해보면

세상물정 전혀 모르고

수천 권의 책만 읽으면

급제는 수염 떼기처럼 쉽다며

버젓이 늘 거들먹거렸고

좋은 벼슬 쉽게 얻을 줄 알았는데

어이해 야박한 운명을 타고나서

이렇게 막다른 길에서 슬퍼하는가!

마음 다잡아 돌이켜 살펴보면

역시 어찌 잘못이 없으랴?

술을 거침없이 좋아해

마시면 어느새 천 잔을 들이켰고

평소 마음자리에 담아두었던 말도

취하면 더 이상 참지 못해

죄다 토해내고야 말아
비방이 뒤따르는 줄도 몰랐지.
처신이 모두 이러한데
궁색한 꼬락서니 참으로 당연하지.
아래로는 남들에게 꺼림받고
위로는 하늘도 도와주지 않아
가는 곳마다 흠집이요
하는 일마다 어긋나네.
이는 내가 자초한 것이니
아, 뉘를 탓하리오?
손꼽아 스스로 잘못 세면서
종아리로 세 번 때렸다오.
지난 일 뉘우친들 무엇하랴
앞으로나 혹여 노력할지니.

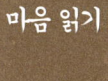 ## 살림을 모르는 남편, 아내에게 감사할지어다

세상물정 모르는 남편이 아내에게 타박을 받는 장면을 그립시다. 아내가 겨울 갖옷을 내다 팔려 하자, 남편은 아내의 생각이 짧다며 나무란다. 추위가 오지 않으면 사람들이 이 갖옷을 사갈 리 없을 것이고, 반대로 추위가 다시 오면 자신은 어떻게 겨울을 지내라는 것이냐며 나름대로 논리를 앞세워 그것이 얼마나 무책임한 행위인가를 지적한다. 여기서 '논리'는 아내에 비해 사회적 경험이 풍부한 남편의 무기요, 식자識者의 처세 방법이기도 하다.

하지만 아내는 남편의 우매함을 질책한다. 무엇보다도 내다 팔려는 갖옷이야말로 자신이 밤잠까지 아껴가며 정성껏 만든 것이기에, 추위가 닥쳐야 겨우 갖옷을 떠올리는 당신에 비할 바가 아니라는 것이다. 그저 속된 말로 제삿밥을 챙기기 위하여 자식을 돌보려는 남성과 달리 자신의 몸으로 낳았기에 자식을 사랑하는 여성의 마음과 같다고 할까?

그런데 이와 같은 산고産苦의 아픔보다 더 급한 게 있다. 바로 먹고사는 일이다. 당장 살기 위해서는 앞뒤 가릴 겨를이 없다. 더욱이 당장의 굶주림은 견디겠지만, 얼마 안 있어 다가올 상황은 공포 그 자체다. 남편은 기껏해야 한 철의 추위를 보았지만, 아내는 삶과 죽음의 갈림길을 생각하고 있었던 것이다.

아내의 마음은 보다 근본적이고 실제적이다. 남편의 당당한 논리는 아내의 절실한 생활에 의해 여지없이 무너졌고, 낯짝 두꺼운 질책도 밥 한 톨의 미학에 의해 온데간데없이 사라지고 말았다. 본래 이론은 생활을 이길 수 없는 법이다.

얼마 전 아내로부터 충격적인 이야기를 들었다. 당신은 가장으로서 가족에게 괜찮은 남자인 줄 아느냐는 질책이었다. 그래도 남보다는 낫지 않은가, 적어도 뒤처지지는 않는다는 자부심(?)에 살아왔던 터여서 다소 어리둥절해하는 나에게 아내는 한 가지 제안을 했다. 이제부터 통장을 관리하라는 것이다. 그제야 깨달았다. 연말정산을 꼼꼼히 챙기는 자신을 두고 시큰둥하던 나에게 짜증이 났던 것이다. 사실 돈 계산에 어두운 나의 어리석음과 무관심을 일깨워주려던 뜻이었을 게다. 추위 타령만 하며 아무 일도 하지 않으려는 나에게 직접 몸으로 부딪혀보라고 권유했던 것이다. 미안하고 고마운 일이다.

'살림'은 살도록 해준다는 뜻이다. '살다'가 자동사라면, '살리다'는 사역의 의미를 갖는다. 제 몸 혼자 사는 것은 그리 어렵지 않다. 여하튼 자기 몸을 챙기는 일이기 때문이다. 그러나 나 아닌 다른 사람을 '살도록 하는' 일은 여간 귀찮은(?) 일이 아닐 수 없다. 궁리도 곱절을 해야 할 뿐 아니라, 그 결과 역시 책임져야 하기 때문이다. 그래서 배려가 어려운 것이다. 이 '살림'은 세상의 아내 된 이들이 결혼과 동시에 말없이 해왔다. 물론 남편 되는 이 역시 마찬가지리라. 다만 삶의 무게를 직접적으로 감당해야 하는 것이 아내 된 이들의 몫이었다는 점에서, 그 노고에 늘 감사하는 마음을 갖는 것은 아무리 강조해도 지나치지 않다. 역사에서 가장 힘든 시기를 지날 때, 끝까지 책임지고 살아가고, 살려낸 것은 세상의 모든 아내들이었다. 참으로 고맙다.

■ ■ 이규보 李奎報(1168~1241)

고려 중기의 문인으로, 본관은 여주, 자는 춘경春卿, 호는 백운거사白雲居士이다. 자유분방한 기질을 가졌던 그는 젊은 시절 혼란한 정치 사회를 보고 〈동명왕편〉과 같은 역사시를 지어서 자신의 뜻을 보였고, 최씨 무신정권에서 벼슬살이를 했다. 좌절도 겪었지만, 대체로 무난한 관료생활을 누렸다. 몽골에 저항하는 시를 쓰기도 했으며, 새로운 주제의식을 강조한 신의新意의 문학을 주장했다. 그는 자신의 삶에 기반하여 현실을 인식하고 역사와 만나야 올바른 글을 쓸 수 있다고 믿었다. 저서로 《동국이상국집》이 있다.

■ ■ 《동국이상국집 東國李相國集》

이규보의 문집이다. 체제가 가장 잘 정비된 초기의 문집으로 평가될 정도로 형식적으로 안정된 책이다. 고려의 역사를 재구성할 때 필수적인 자료로 활용될 만큼 사료적인 가치도 있다. 아들 이함이 편찬했으며, 모두 53권 14책으로 구성되었다. '동국'은 우리나라를, '이상국'은 정승을 지낸 이규보를 가리킨다. 〈옷을 전당잡히고서 典衣有感示崔君宗藩〉도 이곳에 들어 있다.

당신을 떠나보내며

김종직, 《점필재집》

아, 당신은 어찌 급히 나를 떠나셨나요? 백년해로하자는 약속이 겨우 삼 분의 일이 지났는데, 30년 배필을 하루아침에 영결하고 말았구려. 지난 일을 회억(懷憶)[1] 한들 차마 말할 수 있겠소? 아, 서러워라.

    그대는 명문가에서 자랐건만 나처럼 보잘것없는 사람의 짝이 되었소. 유순하고 착하고 너그럽고 인자하며 마음속에는 굳은 심지를 갖고서 어머님을 공경하고 늘그막에 더욱 화목하였지요. 어머니는 늘 "우리 며늘아기 사랑스럽다" 하셨소. 나의 누이들과도 화목하게 지냈고, 동서 간에도 한번 거스르는 일이 없었으니, 고을 친척들 누구 하나 미워했겠소? 이처럼 온전한 성품을 지녔는데도 명은 어찌 그리도 갖추지 못했나요? 아, 서러워라.

1_ 회억(懷憶): 돌이켜 추억함.

나는 비둘기처럼 졸렬한 성품으로 뒤주가 수차례 비었건만 당신은 가난을 잘 견뎌주었소. 허름한 옷과 보잘것없는 음식으로도 첫 마음을 끝내 변하지 않았지요. 제사나 손님을 맞을 적에 갖추어 물건을 내놓았고, 당신이 간을 맞추면 명아주국과 콩국도 맛있었다오. 당신은 맹광孟光¹과 책씨翟氏²를 닮았으니, 나는 속 깊이 그대를 의지했다오. 이제 벼슬을 그만두고 강산에서 소요하며 흰머리 되도록 서로 의지하며 남은 인생을 살려는데 별안간 이 지경에 이르다니! 아, 서러워라.

　당신은 세상에 태어나 어려움을 거듭 겪었소. 10세가 되기 전에 어머니가 병으로 돌아가시고, 외증조가 불쌍타 길러주셨는데, 15세가 되기도 전에 또다시 의지할 분들을 잃었구려. 외조모에게 여자의 몸가짐을 배웠으나 그 또한 돌아가시니 그 아픔을 이길 수 있었겠소? 나에게 시집와서도 경사와 흉사가 덧없이 찾아와 채 기뻐하기도 전에 슬픔에 젖고 말았지요. 당신은 두 차례 삼년상을 치르는 동안 온 힘을 다하였소. 내가 어리석었던 탓에 온갖 귀신이 침범하더니 두 딸과 다섯 아들을 연거푸 잃었고, 당신은 가슴이 찢기고 병만 더 얻었지요. 아, 서러워라.

　지난번 당신은 해산으로 병을 얻었지요. 풍사와 어혈의

1_ 맹광(孟光): 중국 후한 때의 사람으로, 양홍(梁鴻)의 아내. 남편을 깍듯이 공경하여 밥상을 눈썹 높이로 들고 왔다는 '거안제미(擧案齊眉)' 고사의 주인공이다.
2_ 책씨(翟氏): 중국 진나라 도연명(陶淵明)의 아내로 가난한 생활을 달게 여겼다. 어진 아내를 뜻한다.

독이 몸속을 굴러다녔건만 10년 동안 약을 먹어 쌓인 것은 없앴어도 가끔 병이 도졌지요. 증세가 가벼워 오래면 나아지리라 믿었고, 우물쭈물하며 치료에 전념하지 않더니, 그것이 끝내 동티 나 당신을 떠나보내었으니, 정녕 부끄럽기만 하오. 아, 서러워라.

　당신 아버님도 건강하게 살아계신데, 좋은 시절 누가 술을 마련해드릴 것이며, 당신의 두 딸은 아직도 시집가지 않았으니 앞으로 시집갈 때 누가 짐을 꾸려주리오? 당신의 아우들은 모두 이름이 났지만, 수염을 태워가며 죽을 끓인들 누가 받아 마실는지요? 뜰에 가득한 노비들은 그늘을 잃고 의지할 곳 없으니, 심부름을 누가 맡아 하리오? 새로 지은 집에는 뜰도 있고 연못도 있건만, 당신이 없으니 누구와 함께 거닐겠소? 아, 서러워라.

　당신이 계시던 적막한 규방에 옷이며 침구며 세면도구며 그대로 놓아두고 음식도 갖추어놓았소. 당신이 아이를 낳고 키웠지만 아들 하나 없으니 누가 당신의 상(喪)을 맡아 하리오? 이제, 그만두어야겠소.

　내 병을 핑계로 사직하여 당신의 상을 치르려 했지만, 임금은 약을 내리시고 치료하라 하시니, 그 은혜 저버릴 수 없어 서울로 가게 되었다오. 당신의 장삿날 돌아오리다. 삶과 죽음은 틈이 없으니, 분명 당신은 내 슬픔을 알 것이외다. 아, 서러워라.

 미곡의 언덕에 소나무, 가래나무가 울창하오. 옥과의 두 무덤을 그 사이에 안장하오. 당신의 어머니와 자식은 그 동쪽에 있지요. 그대의 유택幽宅[3]을 섣달에 만들기로 했으니, 구천에서 만나면 길이 즐거우리라. 간 자는 그리하겠지만, 산 자야 어찌 따를 수 있으리오? 술을 부이 고하며 하염없이 통곡하오. 아, 서러워라.

3_유택(幽宅): 무덤을 가리킴.

 마음 읽기

사랑하는 이를 위해 크게 울어주리라

깊어가는 가을자락을 훔치고 지나는 바람 따라 떨어지는 낙엽을 보다가 문득 죽음을 떠올린다. 사실 건전한 생각은 아닐 것이다. 어떻게든 살아보려고 발버둥 치는 사람을 앞에 두고 죽음을 떠올리는 것은 사치스러워 보이기 때문이다.

그러나 자신이 가장 사랑하고 의지하던 정인情人이 바로 자기 옆에서 사라지고, 어제 밝게 인사하며 헤어졌던 벗을 오늘 싸늘한 몸으로 마주할라치면, 삶과 죽음 사이의 경계가 과연 있기나 한 것인지 의문이 들지 않을 수 없다. 어쩌면 웃어른들이 먼저 가신 이의 사진을 걸어두었던 것도 그분의 죽음을 받아들일 수 없는 마음에서가 아니었을까? 근엄한 도학자였던 조선 전기의 문인 김종직이 아내의 죽음을 마주하여 써 내려간 마음도 그러했으리라 생각한다.

본래 사랑이란 그리움이다. 지금 내 옆에 있지 않기에 보고 싶고 그리워한다. 동양인과 서양인의 마음은 마찬가지인지, 만나지 못하다라는 뜻의 영어 단어 'miss'가 그리워하다라는 의미로 읽히는 것도 같은 연유일 것이다. 김종직의 글에서 느껴지는 마음도 그렇다.

 그는 아내의 죽음을 직접 보지는 못했다. 게다가 왕명을 받들고 있는 처지라서, 아내의 장사를 손수 치를 수 있을지도 의문이었다. 어쩌면 미안한 마음에 이처럼 안타까워했는지도 모르겠다. 사실 내용을 들여다보면 평범하기 짝이 없다. 더러 구태의연하게 보이기도 한다. 그러나 생각해보면 가슴 아픈 사연을 가진 이의 목소리처럼 담담한 것도 없다. 농익은 슬픔을 안으로 갈무리했기 때문일 것이다. 30년을 어렵게 살림을 끌어왔고, 아이를 낳다 생긴 병이 깊어져 끝내 죽음에 이르도록 했으니, 보내는 이의 마음이야 찢어질 것은 당연하다. 그래서 그의 울음이 빈 소리로 들리지 않는다. 통곡하는 그는 진정 아내를 다시 사랑하기 시작한 것이다.

 과연 나는 정인을 위하여 눈물을 흘린 적이 있었던가? 함께 살아온 시간만큼, 함께 만나온 시간만큼 기쁨도 슬픔도 사연도 많았을 텐데, 그를 위해 눈물을 아껴왔다니 참으로 한심한 일이다. 시간이 얼마 남지 않았다. 이제부터라도 곁에 있을 때, 그를 위해 한껏 울어주려 한다. 크게 소리 내어서.

■ ■ 김종직 金宗直(1431~1492)

조선 전기의 학자이자 문인으로, 본관은 선산, 자는 계온季昷, 호는 점필재佔畢齋이다. 사림파의 영수로서 성리학적 질서를 도모했던 인물이다. 이조참판, 병조참판 등을 지냈으며, 1489년 사직하고 고향 밀양으로 돌아가 후학을 가르쳤다. 지방관으로 지내면서도 그곳 선비들을 가르치며 영남 사림을 길렀다. 세조의 즉위를 비판하는 내용의 〈조의제문〉을 그가 죽은 뒤 6년이 지나 제자 김일손이 사초史草에 기록했다가 부관참시를 당하는 형을 받았다.

■ ■ 《점필재집 佔畢齋集》

김종직의 문집으로 27권 9책이다. 시가 대부분을 차지하며, 구절마다 고사가 원용되고, 쉽게 보아 넘길 수 없을 정도로 짜임새 있는 시를 구사하고 있다. 신라의 역사를 소재로 한 〈동도악부〉, 제주도의 풍속을 담은 〈탁라도〉를 비롯해 세상의 풍속을 읊은 시가 많고, 〈사방지〉처럼 당대 음행을 저지른 특이한 사건을 시로 적은 것도 있다. 〈두류산 기행遊頭流錄〉은 지리산 기행문으로 가장 오래된 기록이다. 〈당신을 떠나보내며祭亡妻叔人文〉처럼 감정이 북받치는 문학 세계를 보여주기도 한다.

호녀와 김현 외

일연, 《삼국유사》

호녀와 김현

신라 풍속에 해마다 2월이 되면, 초여드레에서 시작하여 보름까지 도성의 남자들과 여자들은 흥륜사[1]의 탑을 돌면서 복을 빌었다. 원성왕 때 일이다. 김현이 밤이 이슥토록 혼자 쉬지 않고 탑을 돌고 있었다.

    그때 한 처녀가 또한 염불을 하면서 그를 따라 돌았는데, 순간 서로 마음이 끌려서 눈길을 주고받았다. 탑돌이를 마치자, 김현은 그녀를 남의 시선이 닿지 않은 곳으로 데리고 가서 정을 통하였다. 처녀가 돌아가려 하자 김현은 따라오지 말라며 거절하는 처녀를 억지로 따라갔다. 서산 기슭에 이르러 한 초가에 들어갔다. 그곳엔 늙은 부인이 살고 있었다. 그녀

1_흥륜사(興輪寺): 경주 봉황대와 오릉 사이에 있던 절. 신라에서 아주 큰 절이었다.

가 처녀에게 물었다.

"함께 온 이가 누구냐?"

처녀는 사실대로 말했다.

늙은 부인이 말했다.

"좋은 일이구나. 하지만 안 한 것보다 못하다. 허나 이미 저지른 일이니 어쩔 수 없구나. 그를 저 구석에 숨겨두어라. 네 오빠들이 모질게 할까 두렵구나."

처녀는 김현을 이끌고 가서 방 한구석에 숨겼다.

조금 뒤에 호랑이 세 마리가 으르렁거리면서 오더니 이렇게 말했다.

"집 안에 비린내가 나는구나. 요깃거리가 생겼으니 참으로 행운이로다!"

늙은 부인과 처녀가 꾸짖었다.

"너희 코가 잘못 맡았겠지, 무슨 미친 소리냐?"

그때 하늘에서 외쳤다.

"너희들은 사람의 목숨을 너무도 많이 해쳤다. 내 너희 가운데 한 놈을 죽여서 악을 징계하겠다."

세 오빠는 그 소리를 듣자 모두 전전긍긍하였다. 이때 처녀가 말했다.

"세 오빠는 멀리 도망가서 자숙하세요. 제가 그 벌을 대신 받겠습니다."

모두 기뻐하며 고개를 숙이고 꼬리를 치면서 도망가버렸다.

처녀가 김현에게 말했다.

"저는 처음에 낭군이 우리 집에 오시는 것이 부끄러워 사양하고 거절했습니다. 이제는 숨김없이 말하겠습니다. 저는 호랑이고 낭군은 사람이니, 같은 부류는 아니랍니다. 그러나 하룻밤을 같이 보냈으니 부부의 정을 맺은 것과 같지요. 지금 하늘이 오빠들의 나쁜 모습을 미워하여 벌을 내리려 하는데, 제가 그 재앙을 혼자 당해내려 합니다. 그런데 보통 사람의 손에 죽는 것이 어찌 낭군의 칼날에 죽어서 사랑의 은덕을 갚는 것과 같겠습니까? 제가 내일 시장에 들어가 사람들을 괴롭히면, 그들은 어쩔 줄 몰라 할 것입니다. 그러면 임금께서 분명히 높은 벼슬로써 사람을 모집하여 나를 잡게 할 것입니다. 그때 낭군은 겁내지 말고 나를 쫓아 성 북쪽의 숲 속까지 오세요. 제가 그곳에서 낭군을 기다리고 있겠습니다."

"사람과 사람이 만나는 것이 인륜의 도리요, 사람이 다른 부류와 만나는 것은 일상적인 것은 아니지요. 그러나 우리가 좋은 인연을 맺었으니 참으로 하늘이 허락하신 것이 아니겠소? 어찌 당신의 죽음을 팔아서 내 벼슬을 바란단 말이오?"

"낭군은 그렇게 말하지 마세요. 이제 제가 죽는 것은 하늘이 명령하신 것이요, 제가 바라는 바입니다. 또한 벼슬을 얻으신 낭군에게는 기쁨이요, 살아남은 우리 일족에게는 복이며, 짐승의 피해를 벗어난 나라 사람들에게는 기쁨입니다. 제 한 목숨 죽어 다섯 가지나 이로운데, 어찌 그것을 마다할 수 있겠습니까? 그저 저를 위하여 절을 짓고 불경을 읽으며, 훗날 극락왕생하도록 빌어준다면, 그 은혜 잊지 않겠습니다."

마침내 둘은 울면서 작별했다.

다음 날 과연 사나운 호랑이가 성안으로 들어와서 사람들에게 모질게 굴었고, 사람들은 어찌해볼 수 없었다. 원성왕이 이 소식을 듣고 명령을 내려 말했다.

"호랑이를 잡는 사람에게 큰 벼슬을 내리겠다."

김현이 대궐로 나아가 아뢰었다.

"소신이 그 일을 해내겠습니다."

왕은 이에 벼슬부터 먼저 내려 그를 격려했다.

김현이 칼을 쥐고 숲 속으로 들어가자, 낭자로 변한 호랑이가 반갑게 웃으면서 말했다.

"어젯밤에 낭군과 마음을 주고받았던 일을 잊지 말아주소서. 오늘 내 발톱에 상처를 입은 사람은 모두 흥륜사의 장을 상처에 바르고 절의 나발 소리를 들려주면 나을 것입니다."

말을 마친 낭자는 김현이 찼던 칼을 뽑아 스스로 목을 찔렀다. 그리고 쓰러지니, 곧 호랑이로 변하였다.

김현은 숲에서 나오며 거짓으로 말했다.

"내가 호랑이를 단번에 잡았다!"

그러나 그 연유는 감추고 말하지 않았다. 처녀가 시킨 대로 상처를 치료하니 그 상처가 모두 나았다. 지금도 민간에서 호랑이에게 입은 상처에 그 처방을 쓴다.

호부와 신도징

당나라 덕종 9년(신라 원성왕 9) 때의 일이다. 신도징이 한주 십방현의 원님으로 임명되었다. 그가 임지로 가던 중 진부현의 동쪽 십 리가량 되는 곳에 갔을 때였다. 지독한 추위에 눈보라까지 심하여, 말이 앞으로 나아가지 못했다. 마침 길가에 초가가 있어 들어갔다. 그 안은 불이 지펴져 있어서 몹시 따뜻

했다. 등불을 비추고 살펴보니, 늙은 부모와 처녀가 화로를 둘러싸고 앉아 있었다. 그 처녀는 나이가 바야흐로 열댓 살쯤 되어 보였나. 머리는 헝클어졌고, 옷은 꼬질했지만, 눈같이 하얀 살결에 꽃같이 고운 얼굴을 지녔고, 몸가짐도 얌전했다. 그 부모는 신도징이 온 것을 보자 급히 일어나서 말했다.

"차가운 눈을 무릅쓰고 오셨구려. 어서 앞으로 와서 불을 쪼이세요."

신도징이 한참 앉아 있자, 날은 이미 저물었고, 눈보라도 멎지 않았다. 신도징이 부탁했다.

"서쪽 현으로 가려면 아직 갈 길이 멉니다. 부디 여기서 좀 재워주실 수 없는지요?"

그들이 말했다.

"초가가 누추하지만, 괜찮으시다면 그리하지요."

신도징은 마침내 안장을 풀고 침구를 폈다. 처녀는 손님이 숙박하는 것을 보자, 얼굴을 닦고 곱게 단장해서 장막 사이로 나왔다. 그 한아閑雅한 자태는 처음 보았을 때와는 영판 달랐다.

신도징이 말했다.

"낭자가 참으로 총명하고 슬기로워 보입니다. 혹시 아직

혼처가 없다면, 저를 사위로 삼으실 수는 없겠는지요?"

그 아버지가 말했다.

"뜻밖에 귀한 손님께서 거두어주신다면, 어찌 하늘이 맺어준 연분이 아니겠습니까?"

신도징이 사위의 예를 바치고, 이튿날 자신이 타고 온 말에 처녀를 태우고 갔다.

임지에 와보니 봉급은 너무 적었다. 그러나 아내가 힘써 집안 살림살이를 돌보았으므로 모두 마음에 즐거운 일뿐이었다. 뒷날 임기가 차서 돌아가려 할 때는 벌써 아들 하나 딸 하나를 두었는데, 그들도 매우 총명하고 슬기로웠으므로 신도징은 아내를 더욱 공경하고 사랑했다.

그는 일찍이 아내에게 주는 시를 지었는데 이러했다.

벼슬하니, 신선이 된 매복에게 부끄럽고
결혼한 지 3년에 어진 아내였던 맹광에게 부끄럽소.
이 마음을 어디에다 비유하면 좋을는지
저 강물 위에 원앙새가 있구려.

그러나 그의 아내는 종일 그 시를 읊으며 잠잠히 화답할

듯하다가도 차마 입 밖에 내지는 않았다. 신도징이 임기를 마치고 가족을 이끌어 본가로 돌아가려 하자, 아내는 갑자기 슬퍼하면서 신도징에게 말했다.

"전에 주신 시에 화답한 것이 있습니다."

이에 읊었다.

부부의 정도 소중하다지만
산을 향한 마음은 더욱 깊어졌어요.
늘 걱정했지요, 세월이 가면
당신과의 백년해로 약속 저버릴까 봐.

드디어 돌아가다가 아내의 친정에 들르게 되었다. 그곳에는 사람이라고는 없었다. 아내는 부모가 너무 그리워 온종일 울었다. 그러다 문득 벽 모퉁이에 호랑이 가죽 하나가 걸려 있는 것을 보고 기뻐서 말했다.

"이게 아직도 여기 있네."

아내가 그것을 집어다 훌쩍 덮어쓰자 곧장 호랑이로 변하였다. 호랑이는 으르렁 포효하며 할퀴더니 문을 박차고 나가버렸다.

신도징은 깜짝 놀라 몸을 피했다. 뒷날 자식들을 데리고 호랑이가 간 산을 바라보며 며칠을 크게 울었으나 결국 간 곳을 알지 못했다.

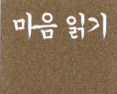 가족에 가려진 여성들,
허물어진 사랑의 몸짓

김현은 대보름날 흥륜사 탑돌이를 하다 눈이 마주친 여인과 감정을 주체하지 못하고 사랑을 나누었다. 그런데 그녀가 호랑이일 줄이야. 게다가 그 일족으로부터 생명까지 위협받는 지경에 내몰렸다. 그러나 그는 담담했다. 서로 족속은 다르지만, 이미 사랑을 나눈 것을 보면 하늘이 둘의 관계를 허락한 것이리라 생각한 터였기 때문이다. 하지만 처녀는 걱정에 빠졌다. 자기 때문에 애인의 목숨이 위험해졌고, 일족의 안녕도 보장할 수 없게 되었기 때문이다. 그래서 결단을 내린다. 자신이 죽어 이 모든 것을 해결하겠노라고! 처녀는 김현에게 자신을 죽여 벼슬을 구하라며 달랬다. 터져 나오는 울음을 삼키면서 말이다.

이튿날 호랑이 한 마리가 도성에 나타나 행패를 부렸고, 나라에서는 벼슬을 내걸고 붙잡을 사람을 구했다. 이때 김현은 처녀와의 약속대로 칼을 쥐고 숲 속으로 들어갔다. 처녀가 반가운 얼굴로 맞이하며 그의 칼을 뽑아 스스로 목을 찔렀다. 처녀는 순간 짐승의 싸늘한 시체로 변하고, 정직했던 사랑은 끝내 죽음으로 끝나고 말았다. 하늘과 일족의 안녕이라는 거룩한 이름으로!

각설하고, 신도징은 임지로 부임하다가 지독한 눈보라를 만나 한 초가집에 들게 되있다. 늙은 부부와 딸이 살고 있는 외딴집이었다. 신도징은 딸을 보자 첫눈에 반하고 말았다. 걸친 것은 초라해도 뽀얀 살결에 행실도 고왔던 것이다. 내친 김에 그는 노부부에게 청혼했고, 부부 또한 혼자 있는 딸이 안쓰러웠던 터라 흔쾌히 허락했다. 신도징과 딸은 임지에서 아들 하나, 딸 하나를 낳고 행복하게 살았다. 박봉이지만 아내는 어질었고, 자식들은 예뻤다. 그러나 이 행복이 영원히 지속되길 바라는 그에게 아내는 "산을 향한 미련을 떨치지 못해, 당신의 마음을 저버릴까 걱정됩니다"라는 알 듯 모를 듯한 말을 남긴다.

이제 임기가 찬 신도징은 고향으로 돌아가게 되었다. 그런데 길을 가다가 옛집에 다다른 아내는 부모에 대한 그리움이 사무쳐 종일토록 울고 말았다. 늘 허전한 가슴을 쓸어내리며 참았던 눈물이 북받쳤던 것이다. 눈물이 그렁한 눈에 벽에 걸린 호랑이 가죽이 들어왔다. 아내는 갑자기 뛸 듯이 기뻐하며 가죽을 썼다. 순간 호랑이로 변한 아내는 문을 박차고 나서며 환호성을 질렀다. 그러나 어쩌랴! 이미 그녀는 사람과 다른 언어를 쓰고 있었다. 남편에게 자신의 기쁨을 전하기 위해 크게 소리치고 안아달라고 두 발을 들었건만, 남편은 포효하는 짐승이 자신을 할퀴려는 것으로 알고 두려워 뒷걸음질을 칠 뿐이었다. 결국 아내는 자신을 알아보지 못하는 가족을 뒤로한 채 산으로 떠나야 했다. 지축을 박차는 살아 있는 호랑이가 되어서.

　이 이야기는 모두 일연의 《삼국유사》 중 〈김현, 호랑이와 감통하다 金現感虎〉에 전한다. 일연은 일족의 안녕을 위해 목숨을 던진 호랑이 처녀(호녀)와 달리 야성을 찾아 가족을 떠난 호랑이 아내(호부)를 꾸짖었다. 그런데 과연 호랑이 아내는 배은망덕한 존재일까? 사실 여기에는 남성의 은밀한 욕망이 숨어 있다. 가족의 이름으로 아내의 삶을 억누르고, 자신만을 세우려는 욕심들! 호랑이 아내는 가족의 행복을 볼모로 자신의 본능을 잃었던 것이다. 본능을 깨닫자 되살아난 생명! 정녕 가족과 아내는 화해할 수 없는 것일까?

　왜 남자들은 하룻밤의 사랑에 목숨을 내주었던 호랑이 처녀와도 같은 순결한 마음을 지닐 수 없는 것일까? 숨을 죽여가며 가족을 위해 헌신하는 마음을 가질 수는 없는 것일까? 갈수록 각박해져가는 우리의 삶을 그나마 사람 사는 세상으로 일구어가는 것은 저들의 순정과 헌신 덕분이리라 생각한다. 아, 아직도 나는 신도징의 부부타령을 하고 있구나! 어리석은 남성이여, 무심한 사람!

그런데 왜 여성을 호랑이에 비유했을까? 생활력이 강하고 독립심이 우뚝해서였을까? 여성이 지닌 잠재력의 우수성을 말하기 위해서였을까? 아닐 것이다. 여성을 호랑이에 견준 이유인즉슨, 여성이 잠재된 본모습을 표출하게 되면 호랑이처럼 사납고 걷잡을 수 없는 사태가 발생할 터이니 결코 허용해서는 안 된다는 금기를 강조하기 위한 메타포라고 생각된다. 그 능력이 뛰어나든 열등하든 상관없이 잠재성―꿈, 재능 등―의 표출 여부가 두려움의 대상이었던 것이다. 흔히 '암탉이 울면 집안이 망한다'는 속설과도 같은 맥락이다. 슈퍼우먼을 요구하는 지금도, 그 속내를 들여다보면 여성의 능력을 펼 수 없도록 하는 장치가 곳곳에 남겨져 있다는 것을 알 수 있다. 21세기에도 여성은 두려운 존재인 모양이다.

■ ■ 일연一然(1206~1289)

고려 후기의 승려로서, 속명은 김견명金見明, 자는 회연晦然, 호는 무극無極이다. 광주 무량사에서 공부했으며, 1246년 선사가 되었다. 고려가 몽골에 항쟁하던 시기에 은거했고, 지눌의 법맥을 계승했으며, 가지산문의 복원을 위해 힘을 기울였다. 운문사에서 《삼국유사》 저술을 시작했고, 1283년 불교계 최고 원로인 국존國尊에 추대되었다. 선종을 중심으로 하되 종파에 매이지 않고 많은 책을 편찬했으며, 《중편조동오위》 등을 저술했다.

■ ■ 《삼국유사三國遺事》

고려 충렬왕 때 일연이 지은 역사책으로, 김부식이 지은 《삼국사기》와 함께 삼국시대의 사상과 문화를 보여주는 책으로 꼽힌다. '유사遺事'란 기존의 역사서에서 누락된 이야기란 뜻으로, 알려지지 않은 내용을 보완하여 시대상을 풍부하게 만들었다. 비현실적인 상상의 세계를 역사 안으로 끌어들인 경우가 많은데, 앞의 글도 그에 속한다. 모두 5권으로 구성되어 있으며, 삼국의 건국을 비롯해 불교의 기이한 행적과 효행 같은 미담 등을 다루고 있다.

아버지의 가르침

기대승, 《고봉집》

나는 어릴 때부터 아버지의 가르침을 받아 오늘에 이르렀다. 이제는 이룬 것이 있음직한데도 자질이 변변치 못해 예전처럼 어리석기만 하니, 생각하면 슬프기 그지없다. 지나간 일은 어찌할 수 없지만, 앞으로 노력하지 않을쏜가. (…) 이에 들은 것을 기록하여 아침저녁으로 음미하고자 한다. 아버지께서는 일찍이 이렇게 말씀하셨다.

공부를 하는 데는 부지런해야 한다. 반드시 외우고 슬쩍 지나쳐서는 안 된다. 읽으면서 생각하고 생각하며 짓되 모두 부지런히 하라. 이 가운데 한 가지도 그만두어서는 안 된다.

내가 너희에게 공부하라고 하는 것이 어찌 벼슬 때문이

겠는가? 너희들이 부모에게 효도하고 형제간에 우애 있으며 행여 조상을 욕되게 하지 않았으면 하고 바라서이다.

이 세상에 살면서 세상 사람들과 어울리지 않는 행위는 하지 말고, 마음에 부끄러움이 없도록 할 것이며, 착한 마음으로 몸가짐을 자연스럽게 갖도록 해라.

나는 너희가 연못에 가서 고기 낚고 산에 가서 땔나무 하고 거친 밭 일구어 부모를 섬기길 바란다. 남이 뭐라고 말하든 아무 걱정하지 마라.

나는 어렸을 적에 집이 몹시 가난했다. 어머니는 갖은 고생을 하시며 나를 기르셨다. 매양 어서 입신출세하여 이 망극한 은혜를 보답하겠노라고 생각했는데, 그 뜻을 이루기도 전에 어머니가 먼저 세상을 떠나셨다. 어허, 애달파라. 진정 천추의 한이로다. 얘야, 너는 오늘날 잘 먹고 잘 입으면서 왜 공부를 하지 않느냐?

지금 세상은 공부를 하지 않아, 한때 서로 좋게 지내다가도 뒤에는 도리어 곤란하게 만난단다. 말하자면 한심하기 그지없다. 부디 함부로 친구를 사귀지 말라. 친구가 없을 수는 없지만 또한 사귐을 삼가지 않으면 안 된다.

벼슬길은 풍파가 많다. 너무 두렵다. 네 뜻을 펼치기도 전에 재앙이 닥쳐올지도 모른다. 잘 생각하여 오가도록 해라. 그러나 그것은 너 혼자 지내며 공부하는 것만 못하리라.

주자는 벼슬한 날짜가 겨우 40여 일밖에 되지 않았다. 공부하는 사람들은 이 뜻을 반드시 알아야 한다. 참으로 자신의 뜻을 행하려면 작은 고을 하나로도 충분하다.

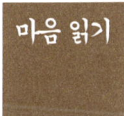 ## 소박한 잔소리에서
부모님의 삶의 지혜를 본다

부모님의 은혜는 하해河海와 같다고 표현한다. 저 드넓은 강과 바다처럼 아무리 퍼내도 마르지 않는 사랑이라는 뜻이다.

　친구들과 뛰어놀던 어린 시절, 어버이날엔 으레 "부모님, 감사합니다!"라는 리본을 달아드렸고 카네이션도 꽂아드렸다. 하지만 이런 감사의 표현이 어느새 때가 되면 하는 그저 그런 의식, 아무 감정도 없는 행동이 되어버린 지 오래다. 해마다 어버이날이면 어떤 마음으로 고마움을 표현할 것인가 보다는 어떤 선물로 그날을 때울 것인가 고민하는 나 자신을 보게 된다. 그래서일까? 기대승의 아버지에 대한 기억은 자식 됨됨이는 물론 부모 됨됨이에 대한 가르침을 주는 듯싶어 심상히 넘어가지 않는다.

　퇴계 이황과 철학적인 논쟁을 한 사람으로 유명한 고봉 기대승은 아버지가 일러주신 말씀을 잊지 않으려 노력했다. 그의 아버지는 효도를 받을 겨를도 없이 훌쩍 세상을 떠난 어머니를 그리워하며 그 사랑을 남김없이 기대승에게 주었다. 그런 아버지의 사랑과 말씀을 항상 떠올리려 애쓰는 기대승의 모습은 우리의 마음을 숙연하게 한다.

부모님이 일깨워주시는 것을 '정훈庭訓' 혹은 '과정過庭'이라고 한다. 집안 뜰을 오가며 배운 가르침이란 뜻이다. 기대승의 아버지가 그에게 준 가르침은 우리 부모님들이 해주셨던 말씀과 크게 다르지 않다. 어쩌면 잔소리라 치부됨직한 그 가르침에는 그분들이 평생 살아오면서 깨달은 삶의 지혜가 담뿍 녹아 있으리라. 착하라, 공부하라, 부지런하라, 세상 벼슬에 관심 두지 말고 자신을 닦아라. 그러고 보면 살아간다는 것은 그리 어려운 일이 아니다. 이런 소박한 가르침에 담겨 있는 천 년의 지혜를 읽어낼 혜안을 갖고 싶다.

■ ■ 기대승奇大升(1527~1572)

조선 중기의 성리학자이자 정치가로, 본관은 행주, 자는 명언明彦, 호는 고봉高峰이다. 어려서부터 재주가 뛰어났던 기대승은 혼자서 학문을 깨우쳤으며 32세 때 과거 시험에 급제했다. 이때 퇴계 이황을 만나 제자가 되는데, 이 만남은 후에 유명한 사단칠정四端七情 논쟁의 시작이 되는 역사적인 만남으로 기록된다. 사단이란 사람의 본성에서 우러나오는 선천적인 마음씨이며 칠정은 인간의 자연적인 감정을 말한다. 더 자세히 살펴보면 사단은 남을 불쌍히 여기는 마음, 불의를 미워하는 마음, 양보하는 마음, 잘잘못을 가리는 마음이며, 칠정은 기쁨, 노여움, 슬픔, 두려움, 사랑, 미움, 욕망의 일곱 가지를 말한다. 이것을 바라보는 입장이 스승인 이황과 서로 달랐는데, 기대승과 이황은 8년이라는 기간 동안 편지를 주고받으며 논쟁을 벌였다. 이 사단칠정 논쟁은 후에 이황의 영남학파와 이이의 기호학파 간 당쟁의 이론적 근거가 되는 등 조선 중기 이후의 사상적 흐름에 큰 영향을 끼쳤다.

■ ■ 《고봉집高峰集》

기대승의 시문집이다. 이 책에는 기대승의 시문만을 수록한 원집과 함께 이황과 주고받은 편지들, 기대승이 임금의 경연 자리에서 거론한 논의들이 모두 수록되어 있다. 모두 15권 11책으로 구성되어 있다. 〈아버지의 가르침過庭記訓〉은 《논사록論思錄》의 잡저에 수록되어 있다. 성리학자로서만 알려진 그의 서정적인 인간 됨됨이를 알려주는 자료이다.

궁핍한 죽음을 슬퍼하며

유최진, 《초산잡저》

병진년(1736) 여름, 황해도 신계新溪 백성이 건강한 아내를 데리고, 가녀린 두 딸을 이끌고서 우리 집 처마 밑에 와서 기거했다. 남편은 품팔이하고 아내는 부지런히 물을 길었는데, 산골에서 자라서인지 전혀 경박한 세태에 물들지 않았고, 게다가 순박하여 제법 편안히 지냈다.

그해 6월 중순, 아내가 아이를 낳았고, 이삼 일 쉬더니 곧바로 일어나 생업을 꾸려나갔는데, 일에 이골 난 모습이 외려 가련했다.

7월 27일, 듣자니 아내가 이웃집에 갔다가 돌연 복통으로 엉금엉금 기어서 돌아와 연일 토했고, 물이나 곡기도 받아들이지 못하여, 수백 전을 무당에게 주고 푸닥거리를 했어도 낫지 않았다고 한다. 그제야 내가 속을 따뜻하게 하고 거위충

쎄을 가라앉히는 처방을 해주었더니 통증을 가라앉힐 수 있었다. 거의 살아날 길을 찾은 듯했다.

8월 3일 새벽, 누군가 문을 두드렸다. 그 남편이었다. 그는 다급하게 병든 아내가 숨이 넘어갈 것 같다고 알려주었다. 내가 길가로 나가보니, 기다리던 아내가 깜짝 놀라 일어나기에 안정을 시키고 혹여 노지[1]에서 비에 젖지 않도록 했다. 그런데 잠시 후 갑자기 큰비가 퍼붓듯 내렸고, 그 남편이 거적에 아내의 시신을 떠메어 가더니 대충 흙을 덮고 돌아와, 두 아이를 끌어안고 울음을 삼키며 남의 집 처마 아래에서 차마 소리도 내지 못하고 있더라는 전갈이 왔다.

아, 슬프다! 이들에게 땅에 안착하여 옮겨 다니지 않도록 하고, 부부가 농사짓고 길쌈을 하며 아이들을 기르도록 했다면, 위로는 세금을 바치고 아래로는 농토를 보전했을 것이거늘, 이곳저곳 떠돌며 구걸하다 이렇게 제자리를 잃도록 했으니 누가 이렇게 만든 것인가? 참으로 서러워라.

건장하고 실한 사람이 한 번 앓더니 사오 일 만에 결국 일어나지 못했다. 도대체 무엇이 동티 난 것일까? 산후에 허한 몸으로 병이 깊이 들었던 것일까? 아니면 장이 꼬이고 열병이 나서 약으로 치료될 수 없었던 것일까? 거위충이 심장

1_노지(露地): 지붕 따위로 덮거나 가리지 않은 땅.

까지 갉아먹은 것일까? 이 가운데 원인이 있다면, 의원의 집에 의지해 살면서도 그 병증을 치유하지 못해 죽었으니 그 책임은 나에게 있으리라. 일찍 치료했더라면 좋았을걸. 참으로 애통하고 마음 아프다.

    이에 기록하여 의술을 배우는 자들이 가난하고 미천한 사람으로 병을 하소연할 곳 없는 이들에 대해 더욱 그들이 의지하려는 마음을 모르는 척해서는 안 되며, 가난한 백성들이 떠돌며 애오라지[2] 살지도 못하는 마음을 헤아려줄 것을 바라노라.

---

2 애오라지: '겨우'를 강조하여 이르는 말.

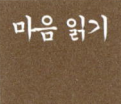 ## 살고 싶다는 목소리에
귀 기울이지 못했던 미안한 마음

동서고금을 막론하고 우리에게 가장 소중한 것은 무엇일까? 아마 그건 바로 '삶'일 것이다. 순간순간 우리는 삶을 살아가고 있다. 그러나 오늘도 우리 주위에는 자신도 어쩔 수 없는 가난함 때문에 삶을 끝맺는 이들이 많다니 안타까운 일이다. 우리가 고전을 공부하는 이유도 우리에게 주어진 소중한 삶을 깨닫고 그것을 잘 가꾸어가는 데 있다.

19세기 중인이었던 유최진은 《초산잡저》라는 책에서 기막힌 사연 하나를 남겨놓았다. 정처 없이 떠돌던 네 식구가 겨우 몸 들일 곳을 찾아 그럭저럭 연명하던 도중 덜컥 아이가 생겼던 것이다. 아이를 낳은 뒤 곧바로 일을 하던 아내는 갑작스레 병을 얻어 세상을 떠나고 말았다. 때마침 장맛비같이 세찬 비가 몹시도 내렸다. 빗속에서 남편은 아내의 시신을 거적 하나로 겨우 가려준 뒤 숨죽여 흐느꼈다.

그 모습을 바라보는 유최진의 마음은 너무 아팠다. 명색이 자신은 의술을 다룰 줄 아는 의원인데 아무 도움이 되지 못한 것이 너무나 안타까웠기 때문이다. 건강한 사람이 병이 난 지 사오 일 만에 죽다니 무엇이 동티가 난 것일까.

이러저러하게 궁리해보는 그의 모습은 일견 의술을 공부하는 전문가적 행색처럼 보인다. 사실 그는 자책하는 속마음을 들키고 싶지 않았던 게 분명하다. 그는 의지할 데 하나 없고 가난하기 그지없는 그들을 도와주지 못한 자신이 참으로 미웠을 것이다. 어떤 이유로든 죽음을 강요하거나 찬양하는 사람과 사회가 악惡이듯, 죽음을 방관하는 것도 결코 간과할 수 없는 잘못이기 때문이다.

사실 막다른 이가 대처할 수 있는 마지막 방법은 죽음이다. 살아보겠다는 의지를 역으로 죽음을 통해 보여주는 셈이다. 간혹 불행하게도 안타까운 소식이 들려올 때면, 그들이 죽음을 통해 말하고 싶었던 것은 사실 삶에의 강렬한 욕망이 아니었을까 하는 생각이 든다. 저들이 끝을 향해 치닫기 전에 혹여 살려달라고, 살아보겠다고 외치는 목소리가 들려온다면 외면하지 말자. 작은 희망이라도 주어진다면 분명 살 수 있을 것이다. 조금만 주위를 돌아보자. 살고 싶다는 목소리가 들려오는 것은 아닌지.

■ ■ 유최진 柳最鎭(1791~1869)

조선 후기의 서화가로, 본관은 진주, 자는 미재美哉, 호는 학산목재學山木齋, 산초山樵이다. 당대의 유명한 서화가 조희룡, 의관 이기복 등과 교유가 깊었으며, 김정희를 따라 명승지를 편력하기도 했다.

■ ■ 《초산잡저 樵山雜著》

유최진의 저서로 추사파의 문예활동에 대한 풍부한 자료가 담겨 있다. 특히 그림을 그렸던 벗들과 주고받은 편지와 함께 어울렸던 기록을 담고 있어, 당시 예술사를 돌아보는 데 유용한 자료이다. 〈궁핍한 죽음을 슬퍼하며哀寓人〉와 같은 서정적인 글도 실려 있다.

옛글에서 다시 찾은
사람의 향기

6

더디 가더라도
옳게 가면 늦지 않다

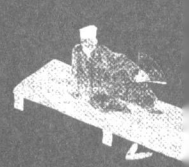

밤나무 집 이야기

백문보, 《담암일집》

그는 처음에 서남쪽에 집터를 마련했다. 집터 동서쪽으로 밤나무 숲이 울창했고, 그곳에 집을 짓고 이름을 '밤나무 집(율정栗亭)'이라고 했다. 지금은 조금 서쪽으로 가서 새로 집을 마련했는데, 밤나무 숲이 더욱 우거졌다. 도성[1] 안의 집에는 밤나무를 심는 사람이 드물었다. 그래서 그는 집터를 구할 때마다 밤나무가 있는 곳만을 찾아다녔던 것이다. 그가 일찍이 내게 이렇게 말했다.

"봄에는 엉성한 가지 사이로 꽃이 비치고, 여름이면 우거진 잎이 만들어준 그늘에서 놀 수 있으며, 가을에는 맛이 든 밤을 먹고, 겨울이면 껍질을 모아 아궁이에 불을 땐다네. 그래서 밤나무를 좋아하지."

나는 이렇게 생각한다. 불은 마른 것에 잘 붙고, 물은 축

1_도성(都城): 서울 성곽. 고려의 서울은 개성이니, 이 '도성'은 개성을 뜻한다.

축한 곳으로 흐른다. 이것은 성격이 같은 것끼리 서로 찾아가는 것으로, 이치가 반드시 그러한 것이다. 높이 받드는 것이 똑같다면 너 나가 없는 법이기 때문이다. 어째서 그런가 하면, 하늘과 땅 사이에 풀과 나무는 모두 하나의 기운이다. 그러나 그 뿌리, 싹, 꽃, 열매들 사이에 혹은 수월하게 나고 맺히고 열리며, 혹은 더디게 나고 맺히고 열리는 등 어느 하나 똑같은 것은 없다. 그런데 밤나무는 어떤 식물보다도 더디다. 하지만 이것을 심어 자라게 하기는 어려워도 자라기만 하면 쉬 튼튼해지고, 잎이 매우 더디게 나오지만 나오기만 하면 쉬 그늘을 만들어주며, 꽃이 아주 늦게 피지만 쉬 왕성해지고, 열매가 마냥 늦게 맺히지만 맺히기만 하면 쉬 열매를 거둘 수 있다. 이것은 사물이 이지러지면 차기 쉽고, 부족하면 보태지기 때문이다.

    그는 나와 같은 해에 과거에 급제했다. 당시 그의 나이 서른이었다. 그러다가 마흔이 넘어서야 비로소 벼슬에 나아갔기에, 사람들은 모두 늦었다고 했다. 그러나 공은 더욱 근신하면서 충실하게 직무를 수행했다. 그러다가 임금께서 공을 알아보시고 크게 등용했다. 하루에 아홉 차례 승진하여 대신의 지위에 올랐으니, 이것은 별로 손질하지 않았는데도 우거진 나무와 같다. 처음에 터를 닦는 것은 어려워도 뒤에 쉽게 열매를 맺었으니, 마치 밤나무의 꽃과 열매와 같다. 나는 이것을 이치로 설명하고자 한다.

    나무의 뿌리가 흙 속에 깊이 묻혀 있으면 싹이 올라오는 것이 더디다. 올라오면 곧 눈을 틔우고, 눈을 틔우면 가지가 생겨서 반드시 줄기를 이룬다. 샘물이 웅덩이에 차면 조금씩 흘러나오다가 흐름이 멈추면 고이고, 고이면 못을 이루어 끝내 바다에 이른다. 그러므로 느린 것은 곧 빨리 될 것이요, 멈춘 것은 앞으로 끝까지 도달하게 될 것이다. 즉 이지러진 것은 채워지고, 모자란 것이 보태지는 것과 무엇이 다르겠는가?

    공이 출세하여 영화로워진 것은 밤나무가 자라는 모양과 닮았고, 밤을 수확하여 갈무리하는 것은 공이 은퇴하는 것과 같다. 자라서는 세상에 이익을 주고, 갈무리하여 수양하는 것이다. 이것이 내가 생각하는 '밤나무 집'이 갖는 의미이다.

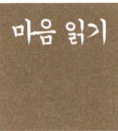 더디 가더라도
옳게 가면 늦지 않다

사람의 나이 60세면 이순耳順이라고 한다. '이순'은 글자 그대로 귀로 들려오는 소리가 모두 마음에 순조로이 흐르는 나이다. 세상사 이런저런 일에 이러쿵저러쿵하지 않아도 이해되고 너그러워지는 때인 것이다. 여하튼 삶에서 가장 성숙한 시기임에는 틀림없다.

그런데 이순의 기쁨은 사람만 누리는 게 아닌 듯하다. 몇 년 전에는 광복 60주년이라고 온 나라가 떠들썩했다. 해마다 돌아오는 기념일인데 왜 그리 크게 행사를 하는지 의아했지만, 가만히 생각해보니 이해가 간다. 사람도 그 나이가 되면 세상을 살아가는 지혜를 터득하듯이, 나라도 오래되면 안정되고 편안하게 되기 때문이다. 즉 나라도 주인으로 선 지 이순이 되었다면 이제 어느 정도 성숙한 시기이고, 세계 다른 나라와의 만남은 물론 나라 안 사람들의 이러저러한 요구에 대해서도 느긋하게 대처할 수 있을 것이다.

강조하고 싶은 것은 연륜과 거기에 배어 있는 삶의 지혜에 관해서이다. 일찍이 고려 후기의 문인 백문보도 밤나무의

더딘 생리를 빗대어 인생사를 논하지 않았던가.

앞의 글은 백문보가 윤택澤의 당호堂號(집의 이름에서 따온 그 주인의 호)를 지어주면서 써준 글이다. 윤택은 자신과 같은 해에 과거에 급제한 동기였지만 그때 나이는 벌써 서른이 넘어 있었다. 게다가 마흔이 넘어서야 비로소 벼슬길에 나갔으므로 주변의 걱정이 이만저만이 아니었다. 하지만 그는 벼슬길에서 하루에 아홉 번이나 승진할 정도로 뛰어난 사람이었다. 별로 손질하지 않았는데도 무성하게 뻗어가는 나무와 같았다. 그런데 백문보의 생각은 그의 당호를 짓고, 그를 칭찬하는 데 그치지 않았다. 그는 밤나무를 통해 '더디지만 끝내 자라고야 말며, 느리지만 결국 도달하고야 마는' 이치를 깨치고 있었던 것이다.

잠시 멈추거나 고이는 것이 온전한 성장과 성취를 가로막지는 못한다. 우리가 살아가면서 일희일비一喜一悲할 필요가 없는 이유가 여기에 있다. 더디 가도 옳게만 간다면 끝내 원하는 일이 이루어질 것이기 때문이다.

■ ■ 백문보 白文寶(1303~1374)

원나라의 간섭이 심했던 고려 후기의 문신으로, 본관은 직산, 자는 화부和夫, 호는 담암淡菴이다. 충숙왕 때 문과에 급제했으며, 춘추관 검열에 임명되어 국사편수를 맡아 당시 권세 있는 세가世家의 비리를 비판하기도 했다. 공민왕이 왕위에 오르자 전리판서(이조판서)에 임명되어 공민왕 초기의 모든 인사권을 개혁하고 원나라에 반대하는 정책을 추진했으며 개혁 성향의 인물을 적극 등용했다. 《고려사 열전》〈백문보전〉에는 성품이 청렴결백했고 정직했으며 이단에 미혹되지 않았다고 적고 있다.

■ ■ 《담암일집淡菴逸集》

백문보의 문집으로, 후손들이 《동문선》 등에서 시문을 뽑아서 간행하였다. 박연폭포에 대한 시를 비롯하여, 불교를 비판하는 〈척불소斥佛疏〉, 공민왕에게 올린 〈논시정차자論時政箚子〉 등이 수록되어 있다. 특히 〈논시정차자〉는 당시 정치의 부패상을 인사, 농경, 세금 등 여덟 가지로 나누어 비판한 글로 그의 정치적 안목과 정직한 지식인의 모습을 잘 보여준다.

합덕피의 물을 보고

이옥, 《문무자집》

나는 평생 물을 매우 사랑하였다. 사랑한 까닭에 물을 본 것 또한 많았다. 바다를 보았고 한강을 보았으며 폭포를 보았고 시내를 보았으며 못을 보았고 여울을 보았으며 소沼도 보았다. 하지만 본 것이 많지 않은 것은 아니로되 내가 사랑할 만한 것은 없었다. 대개 내 성질이 유약하여 파도가 일렁이고 바닥을 모를 만큼 깊어서 어두운 색을 띠는 것을 보면 두려움을 느낀다. 두려운 까닭에 바다나 한강 같은 것은 사랑할 수 없었다.

나는 또 성질이 조용하여 물이 시끄러운 소리를 내며 콸콸 부딪치고 세차게 흘러가는 것을 보면 싫어하기에 폭포나 시내나 여울 같은 것도 좋아할 수 없었다. 못이나 소 같은 것은 좋아할 만도 하지만, 내가 본 못은 모두 낮고 좁았으며 소는 움푹 패어 너무 깊어서 사랑할 수 없었다. 그래서 끝내 사랑할 만한 것은 볼 수가 없었다.

그런데 이곳 홍주[1]의 못은 참으로 사랑스럽다.

제방에 올라서 어림잡아보니 둘레는 20리요, 길이는 3분의 1가량 되었다. 때는 9월, 가을 물이 모여들기 시작하는데, 바닥이 높은 곳은 학의 정강이가 잠길 만하였고, 깊은 곳도 사람 허리에 찰 정도로 건너갈 만하였다. 맑고 넓고 고요한 물이 가득 차 넘칠 듯한데 미풍이 불자 주름이 지고 석양빛을 받자 거울처럼 고요히 빛났다. 멀리서 보면 평원에 깔린 이내[2]와 같았으며 가까이에서 보니 빈 뜰에 밝은 달빛이 비치는 듯하였다. 내가 둘러보며 즐거워하면서 "이곳은 내가 참으로 보고 싶었던 곳이다……"라고 하자, 나를 시종하던 사람이 이렇게 말했다.

"당신은 아직 다 보지 못하였다. 4월 말 5월 초가 되면 복사꽃이 뜬 봄물이 밀려오고, 거기에 때맞추어 비가 내리면 이 못은 강이 되고 바다가 된다오. 서쪽 밭두둑에서 물이 다 차올랐다고 알리며 가래가 구름처럼 몰려 있는데, 수문을 열고 물꼬를 틔우면 눈처럼 흰 물결이 말처럼 쏜살같이 내달리는데, 이는 여울이나 폭포의 물살에 견줄 바가 아니라오. 이 광

1_홍주(洪州): 충청남도 당진의 옛 이름.
2_이내: 해 질 무렵 멀리 보이는 어슴푸레하고 푸르스름한 기운. 남기(嵐氣)라고도 부름.

경을 보면 당신은 분명 두려워하며 싫다고 할 것이고, 정녕 사랑스러운 눈으로 볼 수 없을 것이오."

내가 말했다.

"그렇다면, 내가 좋아한 경치는 고작 오늘 본 데 지나지 않군요."

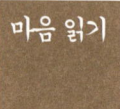 경이로운 여정을 떠난 물,
고였다 흐르며 이로워라

어제는 좋아하는 몇 분들과 오륜대 저수지를 찾았다. 이곳은 내가 부산에 대해 갖고 있던 선입견을 시원하게 날려버렸던 통쾌한 장소이다. 이렇게 멋진 호수를 품고 있었다니! 안개가 낀 산으로 둘러싸인 물을 보노라면 영락없는 중국 장강의 싼샤三峽 같다. 그러나 운우지정雲雨之情이 담긴 무산신녀의 아릿한 전설을 갈무리했으면서도 고개를 한껏 쳐들어야 하늘이 보일 정도로 위압적인 싼샤와는 달리, 편안하게 시야를 이끌며 휘감아 도는 아홉산(산봉우리가 아홉 개여서 붙여진 이름) 능선을 보노라면 어느새 저도 산수山水의 일부가 되어버린 듯한 착각에 빠지고 만다. 혹시 가랑비라도 내리는 날에 이곳을 찾아본 분들은 내 말에 고개를 끄덕일 것이다.

　조선 후기 이옥의 글을 넘겨보던 나는 내 마음과 똑같은 글귀에 눈이 밝아졌다. 그도 물을 사랑하여 온갖 물들을 보았지만 고즈넉하게 앉아서 찾는 이를 편안하게 맞아주는 저수지의 물을 좋아했던 것이다.

　충남 당진에 있던 저수지 합덕피合德陂는 둘레가 20리, 길이는 7리가량 되는 제법 큰 물이다. 듣자 하니 후백제의 진훤甄萱이 둔전을 두면서 개설했다고 한다. 그 내력이야 어떠하든, 이 물을 보고 이옥이 감탄한 사정이 궁금해진다. 바다도, 강도, 폭포도, 시내도, 여울도, 소도 마음에 들지 않았던 그가 이곳을 사랑한 이유는 무엇일까? 궁금증은 곧 풀렸다.

> 두텁게 쌓고 깊이 간직하여 때에 따라 흘러가면 마른 것은 윤택해지고 부족한 것은 불어나서 물 아래 논밭이 저마다 풍작을 거두리니, 그 이익이 참으로 크도다!

이옥은 물을 바라보면서 그것이 사람살이에 주는 이로움을 생각하고 있었다. 비록 연꽃도 없고, 물고기도 없고, 물새도 없는 질박한 모습이지만 물이 물 되는 이유를 깨달았던 것이다. 그렇다. 물은 흘러서 생명을 적시고 불린다. 물은 낮은 곳을 마다하지 않고 흘러가 생명을 살리는 경이로운 여정을 떠난다.

문득 부산 오륜대의 물이 상수원이라는 생각이 났다. 수백만이 사는 도시의 사람살이를 책임지고 있는 셈이다. 어쩌면 저토록 물이 아름다워 보이는 것도 저 물이 흘러서 사람들이 먹고 살아가기 때문일 것이다. 그래서일까? 굴곡진 사람살이와 하나 되지 못한 채, 저 혼자 곧게 막아선 보(洑)며, 딱딱하게 일렬로 줄 세운 콘크리트 담장을 볼 때면 어쩐지 측은한 마음이 앞선다. 자연스럽게 돌아나가다 멈추고, 다시 흘러 끝내 아름답게 흘러가는 순천만의 갯길과 어쩌면 저리도 다른지. 위정자의 과한 '선정'에의 욕망으로 신음하는 물은 언젠가 기어이 저 스스로 길을 만들고야 말 것이다.

    오늘 다시 오륜대를 찾아가 물의 고운 모습을 확인해야겠다. 고운 그 마음을!

■ ■ 이옥李鈺(1760~1812)

조선 후기 문인으로 본관은 연안, 자는 기상其相, 호는 문무자 文無子, 매사梅史이다. 그에 대한 자료는 김려에 의한 기록과 본인의 글만 남아 있다. 박지원의 후배 세대로서 정조의 문체 반정을 따르지 않은 소설체를 사용하였고, 한시에서도 민요 시를 적극적으로 지었다. 대품大品, 즉 기존의 점잖은 한문 문체와 달리 '소품小品'으로 불리는 미시적이고 일상적인 내용의 글을 많이 썼다. 매우 불우하게 지냈던 것으로 알려져 있으며 저서에 《문무자집》이 있다.

■ ■ 《문무자집文無子集》

이옥의 문집으로서 주로 일상에서 겪은 인물과 감정에 대한 시문을 수록하고 있다. 하층민의 목소리를 전하고 있는 〈세 가지 어려움三難〉, 과거 답안지를 만들어 파는 사람에 대한 열전인 〈유광억전柳光億傳〉 등 사기꾼, 협객, 기인, 가객, 여염집 아낙 들을 소재로 선택하여 그들의 삶을 정직하게 표현하려고 하였다. 소설적 구성방식을 즐겨했다. 〈합덕피의 물을 보고觀合德陂記〉는 이 책에 수록되어 있다.

바람이 사는 집

김매순, 《대산집》

석릉자石陵者(김매순을 말함)가 미수渼水가의 허물어져가는 집을 구해 수리하고 살았다. 집에는 본래 사랑방이 없었는데, 중문 오른쪽에 기둥을 세우고 그 반을 벽을 치고 방을 만들었다. 흙을 발라놓기는 했지만 잘 고를 틈이 없었고, 나무는 톱질을 했어도 대패로 다듬을 겨를이 없었다. 기와, 벽돌, 섬돌, 주춧돌, 쇳덩이 등 집 짓기에 관계되는 비용을 덜고 일을 빨리하여 화려하거나 견고한 것은 생각지도 못했다. 터는 우뚝하고 처마는 나직하게 위로 들려 있고 창문 하나에는 종이를 발라 울타리처럼 만들어놓아서, 마치 높은 나무에 지어놓은 새집처럼 간들간들 떨어질 것만 같았다.

일하는 자가 이렇게 말했다.

"바깥문을 만들어 달지 않으면 바람 때문에 고생할 것입니다."

　석릉자는 그렇겠다고 했지만, 형편이 어려워서 미처 만들지 못하였다. 매양 바람이 불어와서 언덕과 골짝을 울리고 나무들을 흔들며 모래와 먼지바람을 일으켰다. 또 강물 위로 불어 물결을 일으켰다가 곤두박질쳤고, 동쪽으로는 창을 밀치고 문설주를 스쳐 책상을 흔들고 자리에까지 불어와서 언제나 소슬한 소리를 내었다. (…) 그래서 이 집을 '풍서風棲(바람이 머무는 곳)'라고 이름했다.

　석릉자는 약관에 과거에 급제하여 안으로 의지할 만한 재산도 없고 밖으로 자신을 이끌어줄 사람도 없었지만, 화려한 벼슬과 주요 자리를 두루 겪어, 그보다 뒤처진 동료들은 그를 영화롭다고들 말하였다. 그러나 자신을 돌아보면 도량이 좁고 성격이 매우 옹졸하여 걸핏하면 세상과 어긋나, 설령 뼈에 사무칠 정도로 방해가 되지는 않지만 그가 앞으로 나가는 데에는 장애가 되었으며, 이를 갈 만큼 시기하지는 않지만 그렇다고 그가 좋은 인연을 만나는 것을 그냥 두지는 않았다. 그래서 십수 년을 벼슬자리에 있었지만, 하루도 편안한 날은 없었다. 얼마 지나지 않아 난리가 일어났을 때, 칼날과 화살촉이 미치지는 않았지만, 인적 소리 끊어지고 짐승들도 잠잠

해졌다. 그래서 사람들은 석릉자를 걱정하면서 분명 무사하지 못했을 것이라고들 생각하였다. 석릉자가 밥 먹고 물 마시는 것과 처자식 기르기를 평소처럼 하였으니, 마치 바람이 심한데도 집 안에 자리를 펴고 가만히 앉아 있는 것과 같은 꼴이었다.

혹자가 말했다.

"바람이란 흔드는 것이요, 머무는 집은 편안한 곳이다. 편안해야 하는 곳인데도 흔들림을 면치 못하고, 흔들리면서도 편안함을 잃지 않으며, 바람과 집은 서로 순환하기를 그치지 않는다. 석릉자의 마음과 행동은 이것을 생각한 것이 아니었을까?"

석릉자가 탄식하며 말했다.

"바람은 참으로 사실을 기록한 것이다. 자네가 그것을 널리 설명하기를 바라는가? 저 해와 달, 추위와 더위, 바람과 비, 우레와 벼락은 모두 하늘과 땅의 가르침이다. 그런데 해는 양陽을 맡고, 달은 음陰을 맡으며, 더위는 사물을 펴주고 추위는 움츠리게 하며, 비는 사물을 적셔주고, 벼락은 내려친다. 이들은 오직 한 가지의 기능이 있고 그 나머지는 서로 통할 수 없다. 그러나 바람은 그렇지 않다.

바람은 네 방위에서 불어와 '4방풍'이 되고, 천지의 모퉁이까지 합해 '8방풍'이 되며, 절기마다 불어와 '24풍'이 되고, 계절과 어우러져 '72풍'이 되니 언제고 바람이 불지 않는 때는 없다. 북쪽에서 불어와 남쪽으로 가기까지 궁궐이든 여염집이든 어디고 불지 않는 곳은 없다. 싹을 틔워주고 물결을 일으키니 어떤 일이고 바람이 불지 않는 일은 없다. 저 천지에 형체를 갖고 있는 것치고 하루라도 바람을 떠나서 살 수 있는 것이 있는가? 일찍이 석가는 땅, 물, 불, 바람을 세상의 4대 요소로 꼽았다. 형체와 바탕은 땅이요, 진액을 불어나게 하는 것은 물이요, 찌는 듯 덥히는 것은 불이다. 하지만 그것을 불고 빨고 굽히고 뻗고, 가고 멎고 앉고 눕고, 찡그리고 웃고 외치고 부르는 등 사람의 움직임과 세상의 작용 가운데 바람이 아닌 것은 없다. (…) 남도 바람이요, 나도 바람이니 유독 나만 그렇겠으며, 옛날도 바람이요, 지금 역시 바람이니 오직 이 집만 그러하겠는가?

생각하건대 바람이 머무는 데에는 방법이 있다. 아득한 가운데 정신을 모으고 텅 빈 데에 형체를 맡겨서 찾아와도 어기지 말고, 거슬러도 부딪히지 않으면 바람도 또 나를 어떻게 하겠는가? 편안함도 없고 흔들림도 없고 바람도 없고 머물

곳이 없다면 뭐 벗어난다고 기쁘겠으며, 뭐 잃는다고 걱정하겠는가? 당신 말이 그럴듯하기는 하지만 폭넓지 못하다."

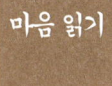 바람은 언제나 나와 함께 있었고, 있으며, 있으리라

김매순이 물가에 집을 하나 지었다. 기둥 셋을 세운 뒤 그 반에 벽을 치고 방을 만들었다. 겨우 시늉만 낸 터라 문도 제대로 달지 못했다. 그래서 집 짓던 이가 걱정스레 충고를 건넸지만 형편이 어려우니 그냥 사는 수밖에 없었다. 정말 바람은 언덕과 골짝을 진동시키고 수풀을 흔들더니 흙모래까지 날렸다. 게다가 물결을 격탕시키며 창을 밀치고 들어올 때는 방 구석구석이 싸늘해져 견딜 수 없었다. 그런데 여기에 '풍서風棲'라는 멋진 이름을 붙였으니 집주인의 속내가 자못 궁금하지 않을 수 없다.

혹자가 묻는다.

"바람風은 흔드는 것이요, 깃듦棲은 편안한 곳이죠. 당신은 편안하면서도 흔들리지 않고, 흔들어도 안정을 잃지 않으려는 마음을 붙이셨군요?"

제법 일리 있는 질문이다. '풍'과 '서'에서 동動과 정靜을 읽어냈으니 혹자의 안목도 보통 수준은 넘는 셈이다. 무엇보다 긴장하며 경계警戒하는 삶을 살고 싶다고 이해해주려는 배려가 돋보인다. 그런데 집주인의 생각은 달랐다. 바람은 실제 요, 현실이기 때문이다. 혹자는 바람에서 관념을 보았고, 주인은 실체를 보았던 것이다. 이 바람은 옛날에도 있었고 지금도 있다. 미래에도 있을 것이다. 보잘것없는 집에도 있고, 궁전 같은 집에도 있다. 그 안에 살고 있는 나도 바람이요, 남도 바람인 것이다. 바람 앞에서는 시간도, 공간도, 나와 남도 구분되지 않는다. 요컨대 세상 사람이 살아가는 시공간 모두가 바람이다. 삶을 통체通體로 직시하는 순간, 세상 만물을 구분하여 바라보는 모든 차별지差別智는 사라지고 만다.

흔히 바람 속에서 인생의 순간을 읽고, 유희의 찰나를 읽는다. 허나 바람은 이처럼 불어오거나 스쳐 가지 않는다. 항상 우리와 '함께' 있었고, 있고, 있을 것이다. 그것이 삶이다. 바람을 보았던 주인은 그 안에 깃들어 함께하고 싶었고, 텅 빈 마음으로 맞으려 했다. 주인의 탁견에 머리를 숙이며, 모든 일을 바람 탓으로 돌리기를 주저하지 않는 나를 되돌아본다. 바람은 언제나 나와 함께 있는 존재였던 것이다. 본래 항상 같이 있었던 존재는 '존재감'이 없는 법이다. 그가 존재하지 않아야 그 존재를 알게 되니, 역설도 지독한 역설이 아닐 수 없다.

■ ■ 김매순 金邁淳(1776~1849)

조선 후기의 문인으로, 본관은 안동, 자는 덕수德叟, 호는 대산臺山이다. 문장이 뛰어나 고려와 조선의 10대 문장가로 꼽혔다. 이른바 '여한십가麗韓十家' 가운데 하나이다. 예조참판까지 지냈던 인물로서 성리학에 정통하였고, 문장에 있어서 정통을 지키려고 애쓴 사람이다. 저서에 《대산집》이 있다.

■ ■ 《대산집臺山集》

김매순의 시문집으로 20권 10책이다. 1879년 그의 아들 김선근이 간행했다. 특히 〈궐여산필闕餘散筆〉은 경서나 역사서 등을 읽으면서 의문나는 점을 고증하고 기록한 것으로, 그의 지적 모색을 보여주는 자료이다. 〈바람이 사는 집風棲記〉은 이 책의 '기' 부분에 실려 있다.

나의 선생, 매화 외

조희룡, 《한와헌제화잡존》

나의 선생, 매화

미불米芾[1]은 돌을 '장인丈人'으로 불렀는데, 나는 매화를 '선생'이라고 부른다. 옛사람과 지금 사람의 어리석기가 비슷해 보인다. 하지만 나는 감히 그에게 뒤지고 싶지는 않다. 이 마음을 선생에게 물어보고자 하였으나, 선생은 웃기만 할 뿐 아무 대답이 없었다. – 〈한와헌제화잡존 (211)〉

가슴속의 매화

"빈산에 인적이 없는데 물은 흐르고 꽃이 피네."

---

[1]_미불(米芾): 중국 북송 때의 서화가. 채양, 소식, 황정견 등과 함께 송나라의 4대가로 꼽힌다.

이 말은 소동파가 나한羅漢을 찬한 말이다. 어째서 매화가 핀다고 말하지 않았는가? 갑자기 '매화'를 끄집어 말하면, 물과 꽃들이 한데 어울려 이루어낸 기상을 충분히 표현하지 못할까 두려워 그렇게 말했던 것이다. 그러나 이렇게 말한 소동파 노인의 가슴속에는 매화가 있었다. ─〈한와헌제화잡존(240)〉

도사의 매화 사랑

뜻밖에 열흘하고도 닷새 정도의 여가를 얻어 깊은 방 그윽한 난간에 향을 피우고 홀로 앉아 소장하고 있는 거울, 벼루, 거문고, 칼, 금석, 서화 등을 꺼내, 하나하나 뒤지며 완성하였다. 오래된 질그릇 술잔으로 주사朱沙가 수놓은 무늬처럼 침식되어 있는 것을 찾아내어 홍로주紅露酒를 따라 마시니 얼큰하게 금방 취기가 올랐다. 이에 매화를 그려 크게 펼쳐놓았다.

그림을 다 끝낸 저녁, 꿈에 도사 하나가 나타났다. 그는 나뭇잎으로 옷을 해 입고 풍신이 빼어나 세속의 그림에 보이는 장도릉[2]과 같았다. 도사가 나에게 인사를 하면서 말했다.

---

2 장도릉(張道陵) : 후한(後漢) 말기의 종교 지도자. 도교의 원류라 하는 천사도를 창시했다.

"나부산羅浮山에서 산 지 오백 년 동안 만 그루의 매화를 심었소. 그중 돌난간 옆 세 번째 매화가 가장 예뻐서 여러 매화 가운데 으뜸이었소. 그런데 어느 날 저녁 비바람에 휘말려 그 간 곳을 알 수 없었는네, 글쎄 당신의 붓끝에 끌려왔구려. 부디 매화나무 아래에서 사흘만 자고 가리다."

이어 벽에 시 한 수를 적어놓았다.

구름은 바다를 알지 못하오민
봄빛은 산등성이에 오르려 하네.
세상에 한번 덜어져 천 겁을 살았는데
아직도 매화를 사랑해 돌아가지 못한다오.

글자의 획이 아주 예스럽고 인간 세상의 글씨와는 달랐다. 다 쓰고 나서 길게 읊조리는데, 그 소리가 숲을 진동하였다. 놀라 깨어보니 등불은 푸르스름하게 흔들리고, 대나무 그림자가 마루에 가득하였다. - 〈한와헌제화잡존 (38)〉

| 마음 읽기 | 봄내는 흐르고 매화가 피었네

빈산에 인적이 없는데 물은 흐르고 꽃이 피네
空山無人 水流花開

소동파가 나한羅漢을 두고 한 말이다. 그런데 왜 '꽃'이라고만 했을까? 굳이 매화라고 이름을 드러내면 혼후渾厚한 기상이 사라지는 까닭에 그저 꽃이라고 말한 것이다. 하지만 이 노인의 가슴속에는 매화가 들어 있었다.

부산의 장산에서 흘러내리는 봄내春川가에 매화길이 있다. 일찍부터 그 자리에 있었던 모양인데 직접 꽃을 본 것은 얼마 전이다. 작은 딸 덕분이었다. 주말이 되면 딸아이가 산에 가자고 조르는 통에 그날도 아이의 성화에 못 이겨 온 가족이 길을 나섰다. 아파트 사이로 난 소롯길을 지나자 시원하게 툭 트인 냇가를 타고 바람이 불어왔다. 상쾌한 기분으로 물길을 따라 오르락내리락 굽이굽이 길을 가다 보니 어느새 숲 속에 온 듯 기분이 좋아졌다. 떠밀리긴 했으나 산책 나오길 잘한 것 같았다. 순간, 아이가 없어졌다. 항상 곁에서 재잘

대던 모습이 눈에 보이지 않자 덜컥 겁이 났다. 불안한 마음에 후다닥 앞질러 굴다리를 통해 지나갔다.

아아, 그런데 이게 웬일인가. 갑자기 앞이 환해지더니 바다가 나타났다. 하얗고 붉은 꽃이 난만히 피고 향기가 파도처럼 일렁이는 향설해香雪海! 아이는 바다를 마주한 채 황홀한 표정을 짓고 있었다. 그러다 천천히 돌아보며 어서 오라고 손짓을 한다.

매화는 군자의 상징으로 여겨진다. 하얀 매화白梅의 담박하고 고결한 빛을 사람의 기품에 견준 것이다. 그런데 내가 보기에 그것은 사대부가 자신들이 지향하는 이념을 꽃에 투사한 것일 뿐이지 꽃 자체와는 전혀 상관없다. 흔히 하얀 매화를 두고 '절제'를 말하지만, 그것은 이념이 만든 허상일 뿐이다. 꽃은 꽃일 뿐이다. 그래서인지 내 눈에는 하얀 매화 사이에서 붉은 속살을 드러내고 있는 붉은 매화의 화사하고 난만함이 더욱 좋아 보인다. 손대면 터질 듯이 한껏 고조된 감정을 저처럼 사무치게 드러내고 있는 것이 있을까? 금세라도 눈물이 터질 듯 그렁대는 눈망울처럼.

얼근히 술이 오른 조희룡은 붉은 매화 하나를 그리고 잠이 들었다. 그런데 꿈에 도사 하나가 나타나더니, 자신이 가장 아끼던 매화가 사라져 걱정했는데 조희룡 당신이 붓으로 끌고 왔다며 아쉬운 마음을 시로 남겨놓았다.

하얀 매화보다는 붉은 매화 그리기를 좋아하였던 조희룡, 그 붉은 빛깔만큼이나 매화를 열정으로 사랑했던 듯하나. 그림이 점잖지 못하고 야하다는 소리를 들은 그이지만, 절제와 함축의 아름다움을 그렸던 김정희의 수제자였던 것을 보면, 그는 인간의 또 다른 욕망을 보고 표현할 줄 알았던 지극히 인간적인 사람이었음에 틀림없다. 가슴이 허하거나 공연히 하늘 보며 눈물짓고픈 사람들은 오늘 밤 붉은 매화 하나 따다 가슴에 얹고 잠을 청하면 어떨는지. 그 꽃이 마음 언저리에 열매를 맺고 뿌리를 내려, 시리고 아픈 눈물을 닦아줄지도 모를 일이다.

■ ■ 조희룡 趙熙龍(1797~1859)
89쪽 참조.

■ ■ 《한와헌제화잡존 漢瓦軒題畵雜存》
조희룡의 예술론을 모아놓은 책이다. 《조희룡 전집》에 수록되어 있다. 262개의 화제를 두고 6행 미만의 짧은 글로 그림에 대한 논의를 메모해놓았다. 이 글을 온전하게 이해하기 위해서는 거론하고 있는 그림들과 함께 이야기되어야 하겠지만, 문장만으로도 조희룡의 예술관을 짐작할 수 있다.

솔화분을 파는 사람

조수삼, 《추재집》

솔화분을 파는 자의 솔을 보니, 굽은 가지와 늙은 줄기가 들쭉날쭉하고 울퉁불퉁하며 일산처럼 누운 가지도 있고 곱사등이처럼 구부러진 줄기도 있으며 껍질은 붉고 비늘은 푸르며 푸른 이끼가 점점이 끼었고 뿌리가 넓적하게 뒤엉켜서 실로 백여 년은 산 듯하다. 그런 솔화분을 뜰에 쭉 벌려놓고 20금이니 30금이니 가격을 붙여놓았다. 돈푼깨나 가진 자들은 다투어 돈을 아끼지 아니하며 그것을 사들이지만, 몇 달이 지나지 못해서 나무가 마르고 만다. 그러면 다시 돈을 가지고 솔화분을 파는 집으로 찾아온다.

 대개 솔은 상록수로서 비록 겉으로 마른 듯하지만 오래 가서야 누렇게 변하고 차츰 붉어지니, 사람들은 소나무 마르는 내막을 쉽게 알지 못하는 것이다. 사람의 마음이란 세상

속된 물건에 빠지게 되면 생각이 덧없이 사치해지는 법이다. 그래서 재산이 모이면 정원이라도 그럴듯하게 꾸미려는 욕심이 생겨, 혹은 하늘을 찌르고 혹은 땅에 누운 자태를 가진 소나무를 구하여 한때를 완상하려 드는 것이 통례이다.

이러할 때에 이익을 낚으려는 자가 그 뒤를 따르게 된다. 이자들이야말로 교활하다. 그건 그렇다 해도 돈푼깨나 가진 자들은 나무가 말라서 죽기를 여러 번하면 그만둘 일이지 도리어 더욱 부지런히 구하려고 덤빈다. 어찌하여 그들은 이다지도 어리석단 말인가!

지금 세상에서 사람을 쓰는 자는 흔히 그 이력을 살피지 않고 용모만 보고 채용하는데, 채용한 지 얼마 못 가서 일에 실패하여 솔화분 파는 자의 웃음거리로 되기가 일쑤다. 나는 이러한 일을 보고 느낀 바가 있어 이 이야기를 쓴다.

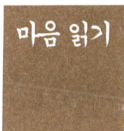 화분에 담긴 나무에서
꿈틀대는 생명력을 보다

　언제부턴가 우리는 강아지를 키우는 아이들의 모습을 흔히 보고, 또 당연한 것으로 생각하게 되었다. 작은딸도 강아지를 키우고 싶다며 틈만 나면 졸라댔다. 무언가를 기르며 사랑을 느껴보려는 아이의 마음을 이해 못하는 것은 아니었지만 공동주택에 세들어 살고 있는 처지에 동물까지 들일 수는 없는 노릇이었다. 그래서 대신 화초를 사주겠노라고 달래어 꽃집으로 향했다. 사실 아무래도 강아지보다는 값싸고 오래갈 수 있지 않을까 하는 얄팍한 계산까지 마친 터였다.

　꽃집 문턱을 넘어서는 순간, 소나무 한 그루가 눈길을 잡아끌었다. 움푹 들어간 갈색 쟁반 속에 용을 틀어 올라간 줄기가 멋들어 보였다. 게다가 푸른 잎을 정갈하게 드리우고 있는 모습은 정녕 솔숲을 그대로 옮겨온 듯했다.

　솔화분을 보면 아버지의 손이 생각난다. 글쟁이로 자란 나의 매끈한 손과 달리 온갖 잗다란 상처투성이의 억세고 거친 손! 그 상처에 고스란히 밴 삶의 무게를 생각하면 하염없이 부끄러워진다. 게다가 겨우 제 몸 하나 누일 공간에 놓인 솔을 보면 겸양의 미덕까지 겹쳐지면서 만족할 줄 모르는 자신을 되돌아보게 된다.

그런데 이런 솔이 사고파는 공간에서는 돈과 맞바꿔지는 상품으로 전락한다. 더구나 오래 묵을수록 비싼 값을 받듯 세월은 장식이 되고, 그 안에 깃든 추억과 마음, 역사와 전통은 소홀하게 여겨지는 것이다. 조수삼은 솔화분을 '나무'라고 단언한다. 곧 생명의 선언이다. 보고 즐기기 위함이든, 정성껏 키우기 위함이든 간에 자신이 상대하는 것이 생명이란 점을 자각한다면 선택과 행위가 신중해지지 않을 수 없을 것이다. 어쩌면 아이는 강아지를 통해서 생명을, 살아 있는 생기를 보았을 텐데, 나는 그보다 값싼 상품을 찾고 있었을지도 모른다. 아, 한심한 영혼이로다!

■ ■ 조수삼趙秀三(1762~1849)

조선 후기의 시인으로, 본관은 한양, 자는 지원芝園, 호는 추재秋齋이다. 역관 출신으로서 김정희 등과 같은 세도가와 잘 지냈다. 청나라를 여섯 차례나 다녀왔고 전국을 두루 돌아다니면서 자연 풍물을 읊은 시가 많다. 당시 시 모임 가운데 하나인 '송석원시사松石園詩社'의 핵심 인물이다. 송석원은 서울 옥인동 계곡에 있었다. 저서에 《추재집》이 있다.

■ ■ 《추재집秋齋集》

조수삼의 문집으로, 8권 4책이며 시가 가장 많은 양을 차지한다. 이 문집에는 홍경래의 난을 다룬 〈서구도올西寇檮杌〉, 중국 주변의 나라에 대하여 쓴 〈외이죽지사外夷竹枝詞〉, 도시인들의 삶을 기록한 〈추재기이秋齋紀異〉 등이 들어 있다. 특히 〈추재기이〉는 자신이 직접 보고 들은 일화로 구성되어 있는데, 등장인물이 거지, 노비, 상인, 기생, 도둑, 이야기꾼 등으로 하층민들의 삶을 들여다볼 수 있는 자료이다. 〈솔화분을 파는 사람賣盆松者說〉도 이곳에 실려 있다.

머리가 새인 사람

최자, 《보한집》

수선사[1] 탁연卓然 스님은 정승의 자제분으로 글씨를 아주 잘 썼다. 어느 해 봄 송도에 왔다가 남쪽으로 내려가면서 계룡산 아래에 있는 마을을 지나가게 되었다. 어디선가 깍깍 하는 새 울음소리가 들려왔다. 고개를 들어 소리가 들려온 나무를 보니, 몸은 하얗고 가슴은 붉으며 꽁지는 검은 까치가 앉아 있었다.

탁연 스님은 이 까치가 왜 저렇게 되었는지 궁금하여 마을에 사는 장복이에게 물었다.

"얘야, 저 까치는 어떻게 해서 저렇게 빛깔이 이상하니?"

장복이가 대답했다.

"저 까치가 이곳에 와서 산 지 벌써 7년이 지났어요. 저 까치는 자기 새끼들을 해마다 올빼미에게 잡아먹혔어요. 새

1_수선사(修禪社): 고려 중기에 시작된 불교 개혁을 주장하던 학파. 선종.

끼를 잃은 엄마 까치는 밤새도록 울어댔죠. 더 이상 울 수 없게 되자 이젠 서러운 마음이 하나둘씩 가슴에 맺혔어요. 그러던 날 언젠가부터 머리가 하얗게 변하더니 이듬해에는 온통 하얗게 되었어요. 그다음 해에는 온몸이 모두 하얗게 되었답니다. 올해에는 다행히도 새끼에게 별 탈이 없어 꽁지부터 다시 검어지고 있는 거예요."

탁연 스님은 참으로 기이한 일도 다 있구나 하며 생각했다. 스님이 수선사로 돌아온 뒤 천영天英 스님에게 이 까치 이야기를 해주니, 천영 스님이 깜짝 놀라면서, "아, 이게 말로만 듣던 '머리가 새인 사람禽頭人'이군요!"라고 말했다. 그리고는 이렇게 시를 지었다.

    원한이 사무쳐 머리는 하얀 눈 쌓인 고개가 되었고
    가슴에 맺힌 피멍은 붉은 배꼽이 되었네.
    저놈이 남의 자식을 괴롭히지 않아야
    세상의 하얀 털이 모두 검어지리.

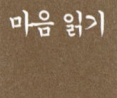 ## 슬퍼서 하얗게 된 엄마 까치, 사람인가 짐승인가?

해마다 5월이면 계절이 너무 좋아 오히려 사람에게 소홀하기 쉬운 때다. 그래서 애써 '가정의 달'로 이름을 붙였는지도 모르겠다. 가정은 가족의 생활공간이고, 가족은 사람의 가장 기초적인 관계이다. 생명을 주고받은 인연이니 어찌 소중하지 않을 수 있을까.

고려 중기 최자가 엮은 《보한집》에는 몸은 하얗고 가슴은 붉으며 꼬리는 검은 까치에 대한 이야기가 실려 있다. 빛깔이 요란하게 섞여 있어 그 모습이 화려해 보이지만, 실상은 참으로 가슴 아픈 이야기다.

흔히 하얀색을 신성한 것이라며 높이 떠받든다. 그런데 새끼를 잃은 나머지 검은 몸빛깔이 하얀빛으로 변했다니! 도대체 슬픔이 무엇이기에……. 엄마 까치에게 하얀색은 신성하지 않았다. 아니, 처절한 슬픔 그 자체였다. 《고려사》나 《조선왕조실록》에도 하얀 빛깔의 까치가 등장한다. 하얀 까치가 나타나면 좋은 일이 생긴다고 표현했다. 허나 이 까치는 그런 길조가 아니었다.

산골 총각의 아름다운 이야기를 전해 들은 스님은 이 새를 '금두인(禽頭人)', 즉 '머리가 새인 사람'이라고 불렀다. 겉은 새이지만 속은 사람이라는 뜻이다. 무엇보다 까치가 제 빛마저 잃었던 것에서 새끼의 죽음을 아파하는 어미의 마음을 읽었던 것이다.

본래 사랑이라는 감정은 좋아하는 이가 이 세상에 없다는 것을 확인하는 순간 생겨난다고 한다. '머리가 새인 사람'은 자신이 낳은 새끼의 죽음을 보다가 원한이 맺혔던 나머지 머리부터 하얗게 되었고, 그 피울음이 가슴을 적셔 붉게 물들였던 것이다. 상실과 사랑, 그것을 떠받치는 생명에 대한 사랑! 사람과 짐승을 구별하기 좋아하는 우리에게 '머리가 새인 사람'은 사람다움에 대해 되묻고 있다. 흔히 사람을 '네 발 달린 짐승'으로 부르는 것과 견주어볼 때, 나는 어디쯤 와 있을까 생각해본다.

■ ■ **최자** 崔滋(1188~1260)

고려 중기의 문인으로, 본관은 해주, 자는 수덕樹德, 호는 동산수東山叟이다. 고려 전기의 뛰어난 유학자였던 최충의 후손으로서, 이규보에게 추천되어 관직을 살았다. 당시는 문장도 뛰어나고 관리로서도 능력 있는 사람能文能吏을 필요로 하던 시절이었고, 이는 문인들에게 관료로서의 자질을 정식으로 요구하는 계기가 되었다. 무신정권에서 활동하였고, 왕정이 회복된 뒤에도 난국을 잘 수습했던 것으로 알려져 있다. 저서에 《보한집》이 있다.

■ ■ **《보한집**補閑集**》**

최자가 지은 시화집이다. '시화집'은 일종의 시 비평서로서, 시와 관련된 비평과 이야기를 수록하고 있다. 또한 당대 지식인 사회의 풍속을 알 수 있는 문화비평서이기도 하다. 이 책은 최씨 무신정권의 실권자였던 최우의 명령을 받아 이인로가 지은 《파한집》을 보완하는 것으로서 저술되었지만, 그 안에는 보완의 수준을 넘는 고려 문화에 대한 풍부한 자료를 담고 있다. 〈머리가 새인 사람禽頭人〉은 《보한집》의 하편에 실려 있다.

최해의 오만

서거정, 《동인시화》

예산猊山 최해崔瀣[1]는 뛰어난 재주와 고상한 뜻을 품고서 남의 눈은 아랑곳하지 않은 채 세상 사람과 어울리지 않았다. 일찍이 해운대에 올랐다가 만호 장선張瑄이 소나무에 써놓은 시를 보고, "이 나무가 무슨 운수가 사납다고 이처럼 하잘것없는 시를 만났는고?" 하며, 곧장 시를 도려낸 뒤 그 자리에 똥을 발라버렸다. 장선이 화가 나서 그의 하인을 붙잡아 차꼬[2]를 채워 문밖에 세워놓자, 최해는 달아나 숨었다. 그가 자기 재주를 믿고 세상에 오만하게 구는 것이 이와 같았다. 그러나 이 때문에 출세는 할 수 없었다.

한번은 장사長沙 감무[3]로 밀려나게 되었다. 그때 지은 시가 이렇다.

1_최해(崔瀣, 1287~1340): 고려 후기 문인으로서 강직했던 인물이다. 저서에 《졸고천백(拙藁千百)》이 있다.
2_차꼬: 죄수를 가두어둘 때 쓰던 형구. 긴 나무토막 두 개를 맞대고 그 사이에 구멍을 파서 두 발목을 넣고 자물쇠를 채우게 되어 있다.
3_감무(監務): 고려 시대에 지방의 군·현에 파견한 관직.

"천고의 높은 이름 장사에 걸렸건만
가의⁴의 재주가 못 됨이 부끄러워라."

"귀양살이 삼 년에 병까지 얻었고
방 한 칸 생애 더욱 중 같구나.
사방 산마다 눈 가득해도 사람 오지 않고
파도소리 속에 앉아 등불 심지 돋운다."

또 언젠가 지은 시는 이렇다.

"나는 두툼한 솜옷이지만 남들은 가벼운 갖옷이요
남들은 화려한 집이지만 나는 움집에 산다오.
하늘이 부여하심은 본디 한결같지 않은 법
나는 남을 미워하지 않건만 남은 나를 탓하네."

그 시들을 읽어보면 고달프고 꺾인 기상을 엿볼 수 있다.

4_가의(賈宜): 중국 한나라 때의 문신으로 지조를 지켰던 인물이다. 장사로 귀양갔다가 굴원을 조문하는 노래 〈도굴원부(悼屈原賦)〉를 지었다.

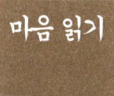 ## 오만한 치기 속에 감추어진 소나무에 대한 사랑

무더위가 시작되자마자 신문과 방송은 일제히 해운대에 수십, 아니 백만 명이 몰렸다며, 더위와 휴가가 한창임을 알리고 있다. 이제 해운대는 단순한 지명이 아니라, 더위와 휴가를 뜻하는 생활지수가 된 것이다. 그것을 일명 '해운대지수'라고 부를 수 있을 정도이다.

나는 어울리지 않는 옷을 입고 선 해운대가 안쓰럽다. 그리고 우울하다. 아름다운 해변과 싱그러운 바람을 안고 누워 있는 그곳이 고작 그렇게밖에 취급을 받지 못하기 때문이다. 그럴수록 고려 문인 최해의 오만이 생각나는 것은 왜일까?

최해는 당시 엘리트 코스였던 원나라 과거에 합격할 정도로 출중한 실력을 갖추고 있었지만 남의 비위를 잘 맞추지 못했고, 또 술을 좋아하여 한두 잔 들이켜고 나면 남의 잘잘못을 거침없이 이야기했다. 그래서 세상 사람들은 그를 두고 자기 재주만 믿고 오만하다고 말하곤 했다.

그런 그가 동래현을 찾아 해운대에 올랐다가 그곳에서 아주 하잘것없는 시가 쓰여진 소나무를 보았다. 옛날은 물론 지금도 권력자들은 산의 바위나 현판 혹은 입석에 친필로 글씨를 남겨서 애꿎은 강산을 고생시키곤 하는데 최해는 인간의 그런 더러운 욕망이 싫었다. 그것을 풍류인 양 호도하는 이들이 역겨웠다. 사람들이 해운대를 찾는 것은 그 넉넉함과 자유로움을 배우기 위해서가 아닐까? 그런데 자기만 갖자고 그곳 나무에 칼을 대고 글씨까지 써넣다니! 이것은 해운대에 대한 모독이고 이기적인 학대였다. 그래서 최해는 단숨에 거세해버렸던 것이다. 그러나 거세의 대가는 가혹했다. 그 덕분에 최해는 관직에 오를 수 없었고, 당시 지식인의 비웃음거리가 되었기 때문이다.

그런데 최해의 오만을 한순간의 영웅적인 치기로 평가할 수는 없을 듯하다. 그것은 최해에게 어울리지 않는다. 오히려 그의 무람없는 모습은 자연의 생리를 배려하고자 했던 양심의 목소리로 이해하는 것이 온당하지 않을까.

우리는 지금 그의 오만이 필요하다. 이번 여름에도 수많은 사람이 해운대를 찾을 것이다. 그들이 이곳 소나무 하나에까지 애정을 기울였던 최해의 마음을 기억이나 해줄 수 있을까? 왠지 불안해진다. 해운대를 찾는 이들에게 바닷바람을 맞으며 의연히 서 있는 솔밭으로 한 번쯤 눈길을 주길 부탁하고 싶다. 그들 가운데 최해가 사랑했을 그 나무가 서 있을지도 모를 일이다.

■ ■ 서거정徐居正(1420~1488)
조선 초기의 문인으로, 본관은 달성, 자는 강중剛中, 호는 사가정四佳亭이다. 당대 문형文衡(대제학)이었을 정도로 조선 초기 문풍을 주도했던 인물이다. 원만한 성품의 소유자로 세종을 비롯해 여섯 왕을 섬겼고, 조선 최초로 양관 대제학(홍문관 대제학과 예문관 대제학의 합칭)이 되었다. 《경국대전》《동문선》 등을 편찬하여 조선의 기틀을 잡는 데 주요한 역할을 했다. 저서에 《사가집》 등이 있다.

■ ■ 《동인시화東人詩話》
서거정이 지은 시화집으로, 우리나라 시인들을 다루고 있다. 객관적인 비평안을 제시하고 있으며, 특히 용사用事(시를 지을 때 고사古事를 인용하는 것)에 대해 비중 있게 서술했다. 이는 역사적 근거가 있는 사례를 통해 시의 객관성을 확보하고자 하는 서거정의 시론이 반영된 것이다. 이규보가 제기한 '신의론新意論'과 비교되는 시 비평서라고 할 수 있다.

이 책을 쓰는 데 도움받은 책들

1 삶은 단순하고 명쾌하다

이익 지음, 이우성 엮음, 《성호전서》, 여강출판사, 1984.
————. 정해렴 옮김, 《성호사설정선》, 현대실학사, 1998.
정도전 지음, 《삼봉집》(한국문집총간 11), 한국고전번역원, 1988.
————. 《국역 삼봉집》, 한국고전번역원, 1984.
이광정 지음, 《눌은집》(한국문집총간 187), 한국고전번역원, 1997.
이수광 지음, 《지봉유설》, 조선고서간행회, 1915.
————. 정해렴 편역, 《지봉유설정선》, 현대실학사, 2000.
장유 지음, 《계곡집》(한국문집총간 92책), 한국고전번역원, 1992.
이색 지음, 《목은집》(한국문집총간 4), 1988.
————. 《국역 목은집》, 한국고전번역원, 2001.
성현 지음, 《부휴자담론》, 규장각 소장본.
————. 이래종 옮김, 《부휴자담론》, 소명, 2004.

2 끊임없는 수양으로 가난한 마음을 지켜라

홍길주 지음, 《수여난필》, 연세대 소장본.
————. 정민 외 옮김, 《19세기 조선 지식인의 생각창고》, 돌베개, 2006.
이승휴 지음, 《동안거사집》(한국문집총간 2), 한국고전번역원, 1990.
유몽인 지음, 《어우집》, 경문사, 1979.
————. 신익철 외 옮김, 《어우야담》, 돌베개, 2006.
조희룡 지음, 실시학사 옮김, 《조희룡 전집》, 한길아트, 1999.
이종휘 지음, 《수산집》(한국문집총간 247), 한국고전번역원, 2000.

3 남을 이해하는 일은 또 하나의 세상을 품에 안는 일이다

임춘 지음, 《서하집》(한국문집총간 1), 한국고전번역원, 1988.
정약용 지음, 《여유당전서》, 신조선사, 1934.
─────. 《다산시문집》, 한국고전번역원, 1999.
이덕무 지음, 《청장관전서》(한국문집총간 257~259), 한국고전번역원, 2000.
─────. 《국역 청장관전서》, 한국고전번역원, 1966.
이지함 지음, 《토정유고》(한국문집총간 36), 한국고전번역원, 1988.
김택영 지음, 《숭양기구전》, 고려대 소장본.
─────. 김승룡 옮김, 《송도인물지》, 현대실학사, 2000.
이달충 지음, 《제정집》(한국문집총간 3), 한국고전번역원, 1988.
권필 지음, 《석주집》(한국문집총간 75), 한국고전번역원, 1988.

4 사람은 역사의 색인이다

충지 지음, 《원감국사가송》(한국불교전서 6), 동국대출판부, 1984.
─────. 이종찬 옮김, 《원감국사가송 외》, 고려대 민족문화연구원, 1993.
허목 지음, 《기언》(한국문집총간 98), 한국고전번역원, 1988.
─────. 《국역 기언》, 한국고전번역원, 1978.
박종채 지음, 김윤조 옮김, 《역주 과정록》, 태학사, 1997.
황현 지음, 《매천야록》, 국사편찬위원회, 1955.
─────. 임형택 외 옮김, 《역주 매천야록》, 문학과지성사, 2005.
이제현 지음, 《익재난고》(한국문집총간 2), 한국고전번역원, 1988.
최익현 지음, 《면암집》(한국문집총간 325), 한국고전번역원, 2004.
─────. 《국역 면암집》, 한국고전번역원, 1978.
신채호 지음, 《단재신채호전집》, 독립기념관 한국독립운동사연구소, 2009.
─────. 이만열 주석, 《조선상고사》, 형설출판사, 1983.
최익한 지음, 《정다산문집》, 평양국립출판사, 1957.

5 사랑하는 이를 위해 크게 울어주리다

이규보 지음, 《동국이상국집》(한국문집총간 1), 한국고전번역원, 1988.
─────, 《국역 동국이상국집》, 한국고전번역원, 1980.
김종직 지음, 《점필재집》(한국문집총간 12), 한국고전번역원, 1988.
─────, 《국역 점필재집》, 한국고전번역원, 1996.
일연 지음, 이동환 교감, 《삼국유사》, 한국고전번역원, 1973.
─────, 이재호 옮김, 《삼국유사》, 솔, 1997.
기대승 지음, 《고봉집》(한국문집총간 40), 한국고전번역원, 1988.
─────, 《국역 고봉집》, 한국고전번역원, 1989.
유최진 지음, 임형택 엮음, 《초산잡저》(이조후기여항문학총서 6), 여강출판사, 1991.

6 더디 가더라도 옳게 가면 늦지 않다

백문보 지음, 《담암일집》(한국문집총간 3), 한국고전번역원, 1988.
이옥 지음, 실시학사 옮김, 《역주 이옥전집》, 소명, 2001.
김매순 지음, 《대산집》(한국문집총간 294), 한국고전번역원, 2002.
─────, 김철범 옮김, 《뽑히지 않는 바위처럼: 김매순 산문선》, 태학사, 2010.
조수삼 지음, 《추재집》(한국문집총간 271), 한국고전번역원, 2001.
최자 지음, 조종업 엮음, 《보한집》(한국시화총편 1), 태학사, 1996.
─────, 유재영 옮김, 《보한집》, 원광대출판부, 1981.
서거정 지음, 《동인시화》(한국시화총편 1), 태학사, 1996.
─────, 박성규 옮김, 《동인시화》, 집문당, 1998.

● 우리 고전과 더 친해지고 싶은 분들은 이 책들을 길라잡이 삼아 스스로 찾아가시길 바랍니다.

옛글에서 다시 찾은
사람의 향기

초판 1쇄 인쇄   2012년 10월 10일
초판 1쇄 발행   2012년 10월 17일

지은이 | 김승룡
펴낸이 | 한 순 이희섭
펴낸곳 | 나무생각
편집 | 김소라
디자인 | 이은아
마케팅 | 김종문 이재석
출판등록 | 1998년 4월 14일 제13-529호
주소 | 서울특별시 마포구 서교동 475-39 1F
전화 | 02)334-3339, 3308, 3361
팩스 | 02)334-3318
이메일 | tree3339@hanmail.net
홈페이지 | www.namubook.co.kr
트위터 ID | @namubook

ⓒ 김승룡, 2012

ISBN 978-89-5937-298-0 03810

값은 뒤표지에 있습니다.
잘못된 책은 바꿔 드립니다.